财务管理新探索

张如意◎著

经济管理出版社
ECONOMY & MANAGEMENT PUBLISHING HOUSE

图书在版编目（CIP）数据

财务管理新探索 / 张如意著. -- 北京 ：经济管理出版社，2024. -- ISBN 978-7-5096-9858-7

Ⅰ. F275

中国国家版本馆 CIP 数据核字第 2024H6S132 号

组稿编辑：王玉林
责任编辑：高 娅 王玉林
责任印制：许 艳
责任校对：蔡晓臻

出版发行：经济管理出版社
（北京市海淀区北蜂窝 8 号中雅大厦 A 座 11 层 100038）
网 址：www. E-mp. com. cn
电 话：（010）51915602
印 刷：唐山玺诚印务有限公司
经 销：新华书店
开 本：720mm×1000mm/16
印 张：13. 5
字 数：220 千字
版 次：2024 年 10 月第 1 版 2024 年 10 月第 1 次印刷
书 号：ISBN 978-7-5096-9858-7
定 价：88. 00 元

联系地址：北京市海淀区北蜂窝 8 号中雅大厦 11 层
电话：（010）68022974 邮编：100038

前　言

财务管理是现代企业管理的重要组成部分。随着经济全球化的发展和科技的进步，财务管理的范畴在不断扩展和深化。在这个新的时代背景下，财务管理面临着许多新的挑战和机遇，需要不断地研究和探索新的领域。本书旨在探讨财务管理新领域的研究方向和趋势，为财务管理领域的发展提供一些新的思路和参考。

随着科技的飞速发展和互联网的普及，数字化经济已经成为主流，金融科技（Fintech）的兴起对传统的财务管理模式提出了全新的挑战。同时，气候变化、环境保护等全球性议题也对企业的可持续发展和财务管理提出了更高的要求。在这样的背景下，财务管理不仅需要关注企业的经济效益，还要考虑社会、环境等多方面的影响，需要开拓新的研究领域和方法。

第一，金融科技与财务管理。随着区块链、人工智能（AI）、大数据等新技术的应用，金融科技已经深刻改变了金融行业的格局，对财务管理提出了新的挑战。如何通过金融科技方式优化财务管理流程，提高财务数据的精准性和实时性，降低财务风险，是当前亟须研究的重要方向。

第二，可持续发展与财务管理。环境、社会和公司治理（ESG）已经成为投资和财务管理的重要考量因素，企业需要在追求经济效益的同时，实现可持续发展。如何将可持续发展理念融入财务管理实践，建立符合 ESG 标准的财务指标体系，成为当前研究的热点之一。

第三，跨界合作与财务管理。在全球化背景下，企业之间的合作愈发频繁，跨界合作带来了新的商业模式和管理模式。如何在跨界合作中实现财务管理的协同与优化，成为财务管理新的研究方向。

第四，数据驱动决策与财务管理。大数据时代已经到来，企业需要从海量数据中提炼有价值的信息，辅助决策。如何运用数据分析、数据挖掘等技术，优化财务管理决策，提高企业的竞争力，是当前需要重点研究的课题之一。

财务管理作为企业管理的核心功能之一，其发展与创新不仅关乎企业的经济利益，也关乎社会的可持续发展。面对新时代的挑战和机遇，我们需要不断地探索和研究新的领域，为财务管理的发展注入新的活力和动力。希望本书能够为财务管理新领域的研究提供一些启示和思路，推动财务管理理论和实践的不断创新与进步。

目　录

第一章　财务管理理论与实践演变

第一节　财务管理理论综述

一、财务管理理论

财务管理是指企业对财务活动的全过程进行计划、组织、指导、协调和控制的管理活动。财务管理的核心理论包括财务目标理论、财务预算理论、财务风险理论和财务决策理论等。财务目标理论强调企业的财务目标应该坚持股东利益最大化原则，实现股东长期利益最大化。财务预算理论是通过预算编制、执行、控制和评价来实现财务目标。财务风险理论着重于企业面临的财务风险及其管理对策，包括风险识别、评估、控制和应对。财务决策理论则关注企业在投资、融资和分配决策中的最优选择，以实现财务目标。综合运用这些理论，企业可以有效管理财务活动，提升经营效益和竞争力。

（一）财务目标与价值

1. 财务目标的定义

财务目标是企业为实现长期发展和提升盈利能力而制定的具体目标和指标。它在企业经营中起着至关重要的作用，是指导企业发展和经营活动的重要依据。在商业竞争日益激烈的当今社会，企业必须制定清晰、明确的财务目标，以便在不断变化的市场环境中保持竞争优势。

盈利能力是财务目标中的核心之一。企业的盈利能力能直接反映其经营效益和竞争实力。盈利能力的提升可以为企业提供更多的发展资金，增强企业的抗风险能力，从而使企业能够更好地应对市场的挑战。因此，制定合理的盈利目标，并通过有效的经营管理手段实现这些目标，是企业财务管理的首要任务之一。

资产效率是财务目标中至关重要的一环。高效利用资产可以降低企业的经营成本，提高资金周转率，增强企业的盈利能力。资产效率的提高需要企业合理配置资源，优化资产结构，提高资产利用率，从而实现资产价值最大化的目标。通过制定资产周转率、存货周转率等指标，并通过改进生产、采购、销售等环节的管理，企业可以有效提高资产效率，为其可持续发展奠定坚实的基础。

流动性是财务目标中不可忽视的一部分。良好的流动性可以保证企业的日常经营活动顺利进行，确保企业随时能够满足各类支付和债务偿还的需要。流动性管理的核心是保持合理的资金周转和资金储备，以及建立健全的资金管理体系，及时发现并解决资金短缺和周转困难问题。通过制定现金流量预测、资金储备计划等措施，企业可以有效提高流动性水平，降低经营风险，增强企业的市场竞争力。

风险控制也是财务目标中至关重要的一环。风险是企业经营中难以避免的因素，但通过科学合理的风险管理措施，可以有效降低风险对企业的影响，保护企业的财务安全。风险控制的核心是建立健全的风险管理体系，包括风险识别、评估、控制和监测等环节。企业可以通过多元化经营、合理配置资源、建立风险准备金等方式，有效应对各类市场风险和经营风险，确保企业长期稳健发展。

财务目标是企业为实现长期发展和提升盈利能力而制定的具体目标和指标，涵盖盈利能力、资产效率、流动性、风险控制等多个方面。制定合理的财务目标，并通过科学有效的管理措施来实现这些目标，是企业保持竞争优势、实现可持续发展的关键所在。只有不断优化财务目标，适应市场变化，才能确保企业在激烈的市场竞争中立于不败之地，实现长期稳定发展的目标。

2. 财务目标的重要性

企业的财务目标不仅是其生存与发展的基石，更是制定战略规划的重要依据。在当今竞争激烈的商业环境中，财务目标直接决定了企业的命运走向。通过深入探讨财务目标的重要性，我们可以清晰地认识到它对企业的影响，以及实现这些目标的关键作用。

财务目标的实现可以显著提升企业的竞争力。在市场竞争日益激烈的环境中，企业需要不断提升自身的核心竞争优势，以脱颖而出。通过设定具体的财务目标，企业可以更好地调配资源，优化生产流程，降低成本，提高效率，从而提升产品或服务的质量和竞争力。这种竞争力的提升不仅能够帮助企业在市场中占据一席之地，还能够使其更好地应对竞争对手的挑战，保持持续发展的动力。

财务目标的达成对企业的盈利能力有着直接的促进作用。盈利是企业生存与发展的基础，也是企业持续经营的重要保障。通过设定合理的财务目标，企业可以更加有效地管理资金流动，实现收入的最大化和成本的最小化，从而实现盈利能力的增强。盈利能力的提升不仅可以为企业提供更多的资金支持，还可以为其未来的发展奠定坚实的基础，使其更具有抗风险能力。

财务目标的实现还能够增强企业在资本市场的信誉和吸引力。资本市场是企业获取外部资金的重要渠道，企业的财务状况是资本市场投资者关注的重点之一。通过达成财务目标，企业可以展现出良好的财务状况和稳健的经营能力，提高投资者对其的信任度和认可度，吸引更多的投资资金流入。这不仅有助于企业扩大规模、壮大实力，还可以为其未来的发展提供更为广阔的空间和更多的选择。

财务目标对企业的重要性不言而喻。它不仅可以提升企业的竞争力，增强盈利能力，还可以增强企业在资本市场的信誉度和吸引力。因此，在制定企业战略规划时，务必充分重视财务目标的设定和实现，将其作为推动企业持续发展的重要动力，实现可持续、稳健的增长。

（二）财务管理理论体系

1. 现金流量管理理论

现金流量管理是企业财务管理中至关重要的一个方面。它强调了企业现金流量的重要性，并着重于对现金流量的规划、监控和优化。通过有效的现金流量管理，企业可以实现长期稳定的发展，确保在经济波动和市场变化中保持稳定和竞争力。

现金流量管理的重要性在于它直接关系企业的生存和发展。现金流量是企业生存和运营的“血液”，影响着企业的日常经营、投资活动和筹资决策。一个健康的现金流量能够确保企业及时支付应付款项，满足经营需求，支持业务拓展，保持良好的信用和声誉。因此，通过精心规划和有效管理现金流量，企业能够更好地应对市场挑战，实现可持续发展。

现金流量管理涉及现金流量的规划、监控和优化。规划是现金流量管理的起点，包括对资金收支情况的预测和安排。企业需要通过制定预算、计划资金运用和收益分配等方式，合理安排资金的流入和流出，确保现金流量的稳定和充裕。监控是现金流量管理的重要环节，通过对现金流量的实时跟踪和分析，及时发现并解决现金流量异常波动的问题，确保企业资金的安全和稳定。优化则是现金流量管理的目标和归宿，通过优化企业的资金结构、改进资金使用效率和降低资金成本等方式，提高现金流量的质量和效益，从而为企业创造更大的价值和利润。

现金流量管理不仅关乎企业内部的运营管理，也与外部环境的变化密切相关。在市场竞争激烈、经济环境不稳定的情况下，企业更加需要重视现金流量管理，及时调整策略，降低风险，应对挑战。同时，现金流量管理也需要与其他管理工具和方法相结合，如财务风险管理、资金运营管理等，共同推动企业的可持续发展。

要实现现金流量管理的有效运作，企业需要建立健全的内部控制体系和信息披露制度。内部控制体系能够规范企业的财务活动，确保现金流量的准确记录和报告，而信息披露制度则能够向外界及时、准确地披露企业的财务状况和经营情况，增强投资者和利益相关者的信任和信心。企业还应加强对员工的培训和教育，提高他们对现金流量管理重要性的认识和理解，营造全员参与、共同管理的氛围。

现金流量管理是企业长期稳健发展的关键。它不仅关乎企业的生存和发展，也涉及企业的内部管理和外部环境。通过科学规划、有效监控和不断优化，企业可以实现现金流量的稳定和增长，为实现可持续发展打下坚实的基础。因此，企业应高度重视现金流量管理，将其纳入企业整体战略规划和经营管理中，不断提高管理水平和竞争力，实现经济效益和社会效益双丰收。

2. 财务杠杆理论

财务杠杆理论是研究企业债务与权益结构以及它们对企业价值的影响的重要理论。在当今复杂多变的商业环境中，企业面临着如何在债务和权益之间取得平衡，以实现资本结构优化和有效控制财务风险的挑战。财务杠杆作为实现这一目标的重要工具，在企业战略规划和财务管理中扮演着至关重要的角色。

理解财务杠杆的概念至关重要。财务杠杆是指企业利用债务资本来增加投资收益率或股东权益报酬率。通过借入资金，企业可以放大其投资的影响，从而提高盈利水平。财务杠杆也伴随着财务风险的增加，这是因为债务必须偿还利息和本金，不论企业的盈利情况如何。因此，企业需要谨慎管理财务杠杆，以平衡风险和回报，最大限度地提高股东价值。

财务杠杆对企业价值的影响是财务杠杆理论的核心。财务杠杆可以通过两种方式影响企业价值，即增加杠杆和降低杠杆。增加杠杆意味着企业使用更多的债务资本，以期获得更高的投资回报率。在这种情况下，企业可以通过利用债务的税收优惠和低成本来提高股东价值。随着财务杠杆的增加，财务风险也会增加，企业可能会面临偿付困难和财务危机的风险。

二、财务管理实践与应用

财务管理实践与应用是企业发展中至关重要的一环。它包括对财务数据的收集、整理和分析，为企业决策提供可靠的数据支持。财务管理实践涵盖资金运作、投资决策、财务规划等方面，帮助企业合理配置资金，提高资金使用效率。另外，财务管理还包括风险管理，通过风险评估和控制，降低企业面临的经营风险，保证企业持续健康发展。总之，财务管理实践与应用在企业发展中起着不可替代的作用，是企业持续发展的重要保障。

（一）财务报表分析

1. 财务报表基本分析方法

在财务管理领域，对企业的财务报表进行基本分析是一项至关重要的任务。这种分析方法涵盖了多种技术，包括水平分析、垂直分析和比率分析等。通过这些方法，财务专业人士能够深入了解企业的经营状况和财务健康度，为决策者提供关键的信息和见解。下面将探讨这些分析方法的具体内容及它们在评估企业财务状况中的作用。

水平分析是一种比较不同会计期间企业财务数据的方法。它通过对同一项指标在不同时间段内的变化情况进行分析，来揭示企业财务表现的趋势和变化。通常，水平分析是将最新的财务数据与之前的数据进行对比，以确定企业在特定期间内的增长或减少趋势。这种分析方法能够帮助管理者识别潜在的问题和机会，并制定相应的策略来应对。

与水平分析不同，垂直分析关注的是同一会计期间企业财务数据的结构和组成。它将财务报表中的各项数据用百分比的形式表示，以显示每个项目在整体财务结构中所占的比重。通过垂直分析，管理者可以更清晰地了解企业财务状况的构成，从而识别出哪些方面对企业的整体表现产生了最大的影响。这种方法有助于管理者聚焦财务结构中的关键领域，并采取必要的措施来改善企业的财务状况。

比率分析是财务管理中最常用的分析方法之一。它通过计算和比较不同财务指标之间的比率来评估企业的经营绩效和财务状况。这些比率包括利润率、偿债能力、营运效率等，每个比率都提供了关于企业不同方面的重要信息。比率分析可以帮助管理者全面了解企业的财务状况，识别潜在的问题和风险，并制定相应的策略来改善企业的绩效。

财务报表分析对于企业的经营决策和战略规划至关重要。通过对财务报表进行深入的分析，管理者可以更好地了解企业的财务状况，把握市场趋势，预测未来发展，并及时调整经营策略。财务报表分析还可以帮助管理者发现企业存在的问题和面临的挑战，为企业的持续发展提供有效的支持和指导。

财务报表分析是企业财务管理中的重要环节。它通过水平分析、垂直分析和比率分析等多种方法，为管理者提供深入了解企业财务状况的途径。通过这些分析方法，管理者可以及时发现问题，制定有效的应对措施，并确保企业持续健康地发展。因此，我们应该充分利用财务报表分析方法，为企业的成功和可持续发展做出贡献。

2. 财务指标体系建设

在当今竞争激烈的商业环境中，企业需要确立一套完善的财务指标体系，以全面评估其财务绩效和风险状况。财务指标体系的建立不仅是为了简单地测量财务健康状况和经营效率，更是为了深入挖掘企业财务数据的内涵，提供对企业全方位、多维度的评估。通过充分利用各种财务指标，企业可以更好地把握市场动态，优化资源配置，制定有效的战略决策，从而提升竞争优势，实现可持续发展。

财务指标体系的建设需要从财务健康指标入手。财务健康是企业生存和发展的基础，其状况是企业运作情况的重要体现。在建立财务指标体系时，应该充分考虑资产负债表、利润表和现金流量表等财务报表的内容，结合企业的经营实际，选择适合的财务健康指标进行评估。偿债能力指标可以通过债务比率、利息保障倍数等来衡量；盈利能力指标可以通过净利润率、毛利率等来评估；而资本结构指标则可以通过资产负债率、权益比率等来分析。这些指标的综合运用可以全面反映企业的财务健康状况，为企业管理者提供有效的决策依据。

经营效率指标也是财务指标体系的重要组成部分。经营效率直接影响着企业的盈利能力和市场竞争力，是衡量企业经营管理水平的关键指标之一。在建立经营效率指标体系时，可以从生产效率、资产利用率、成本控制等方面进行考量。生产效率指标可以通过产量与投入的比率来衡量；资产利用率指标可以通过资产周转率、固定资产周转率等来评估；成本控制指标则可以通过成本费用占比、成本结构优化等来分析。通过监测和分析这些指标，企业可以及时发现并解决经营中的问题，提高资源利用效率，降低经营成本，从而提升企业的经营效益和竞争实力。

除了财务健康指标和经营效率指标，财务指标体系还应该包括风险管理指标。风险是企业面临的不确定因素，对企业的经营活动和发展可能产生重大影响。因此，建立风险管理指标体系是保障企业安全运营的重要举措。在建立风险管理指标体系时，企业可以从市场风险、信用风险、操作风险等方面进行考虑。市场风险指标可以通过市场波动率、市场份额等来评估；信用风险指标可以通过应收账款周转率、坏账率等来衡量；操作风险指标则可以通过生产事故率、质量控制指标等来分析。通过对这些指标的监测和分析，企业可以及时发现并应对各种潜在风险，降低经营风险，保障企业的稳健发展。

建立完善的财务指标体系是企业实现可持续发展的重要保障。通过财务健康指标、经营效率指标和风险管理指标的综合运用，企业可以全面评估自身的财务状况和经营绩效，及时发现并解决存在的问题和风险，提高企业的竞争力和抗风险能力，实现可持续发展的目标。因此，企业应该高度重视财务指标体系的建设，并将其纳入企业的管理体系和决策流程中，不断完善和优化，以适应不断变化的市场环境和经营挑战。

（二）资本预算与风险管理

1. 资本预算

资本预算是指企业在长期投资决策过程中，对各种投资项目进行评估、筛选和选择，以及对资金进行合理的分配和利用。在资本预算过程中，企业需要综合考虑项目的风险、收益、成本等因素，用科学的方法评估和选择最有利于实现企业长期发展目标的投资项目。

资本预算的核心在于投资项目评估。企业面临着各种类型的投资项目，包括新产品开发、设备更新、市场扩张等。在评估这些投资项目时，企业需要对其进行全面的分析，包括市场需求、竞争情况、技术水平、预期收益等方面的考量。通过运用各种评估方法，如净现值（NPV）、内部收益率（IRR）、投资回收期等，企业可以客观地评估投资项目的价值和可行性，从而为决策提供依据。

资本预算还涉及资金分配的问题。企业的资源是有限的，需要通过资本预算来合理分配资金，使投资项目的回报最大。在资金分配过程中，企业需要考虑项目的风险和收益，优先选择那些风险较低、回报较高的投资项目。同时，还需要考虑企业的长期发展战略，确保资金的分配与企业的战略目标相一致。通过科学的资金分配，企业可以实现资金的有效配置，提高资金利用效率，从而增强企业的盈利能力和竞争优势。

资本预算还需要考虑项目的风险管理问题。投资项目往往伴随着一定的风险，包括市场风险、技术风险、政策风险等。在进行资本预算时，企业需要对这些风险进行全面的评估和管理，采取相应的风险控制措施，降低风险对投资项目的影响。通过建立风险评估模型、制定风险管理策略等方式，企业可以有效地应对各种风险，确保投资项目的安全和稳健。

资本预算还需要考虑项目的可持续性和社会责任等。随着社会对环境保护、可持续发展等方面的关注日益增加，企业在进行资本预算时需要考虑项目对环境的影响及社会的可持续发展需求。通过选择符合环保要求、具有社会责任感的投资项目，企业可以提升其社会形象，增强公众的信任和支持。

资本预算是企业进行长期投资决策的重要环节，涉及投资项目评估、资金分配、风险管理等多个方面。通过科学的资本预算，企业可以实现资金的有效配置和投资项目的回报最大化，为企业的长期发展奠定坚实的基础。只有不断优化资本预算的方法和手段，才能帮助企业在激烈的市场竞争中立于不败之地，实现长期稳健发展的目标。

2. 风险管理

企业在经营过程中会面临各种各样的风险，这些风险可能来自市场、信用、流动性等多个方面。为了保证企业稳健发展，必须采取有效的风险管理策略，来降低各种风险的影响，并能够有效地应对突发风险事件。深入探讨风险管理的重要性，有助于企业更好地认识和应对风险，从而提高经营的稳健性和持续性。

风险管理的重要性体现在对风险的识别和评估过程中。在复杂多变的市场环境中，各种风险可能随时出现，如市场波动、供应链中断、竞争加剧等。通过系统地识别和评估这些风险，企业可以更清晰地了解可能面临的威胁和影响，并有针对性地制定相应的风险管理策略，减少风险对企业的不利影响。

风险管理的重要性还表现在降低风险影响方面。风险一旦发生，可能给企业带来严重的损失甚至威胁企业的生存与发展。通过采取预防性和应对性的风险管理措施，企业可以有效地降低风险发生的可能性，减轻风险造成的损失。建立健全的风险管理制度、购买适当的保险、建立应急预案等都是有效的风险管理手段，有助于企业在面临风险时迅速做出应对并减少损失。

风险管理还有助于提高企业的经营效率。有效的风险管理不仅可以降低风险对企业的负面影响，还可以提高企业的运营效率和灵活性。通过合理配置资源、优化业务流程、加强内部控制等措施，企业可以更加高效地应对风险，提高业务的稳定性和可持续性，从而实现经营的长期发展目标。

风险管理的重要性还体现在增强企业竞争力方面。在市场竞争日益激烈的环境中，企业能否有效地应对各种风险，直接关系到其在市场中的地位和竞争优势。通过建立良好的风险管理机制，企业可以提高自身的抗风险能力和应对能力，赢得市场竞争的先机，获得更多的市场份额和客户信任，从而增强其在行业中的竞争力。

风险管理对企业的重要性不可忽视。它不仅有助于识别和评估风险、降低风险影响，还能提高经营效率、增强企业竞争力。因此，企业应该将风险管理作为重要的管理活动，加强风险意识，建立健全的风险管理体系，不断完善和优化风险管理策略，以应对复杂多变的市场环境，保障企业的稳健发展。

第二节　财务管理实践的历史演变

一、财务管理实践的历史演变过程

早期的财务管理主要是简单的会计记录和报告，重点在于记录资金流动和财务状况，以满足税务和监管要求。

经济学派阶段（20 世纪初），经济学派开始对财务管理进行系统研究，提出了股东财富最大化理论，强调财务决策应该以股东利益为中心。

现代财务管理阶段（20 世纪中叶后），财务管理逐渐发展为一门独立的学科，引入了现代财务管理理论，如现金流量分析、财务比率分析、资本预算和风险管理等概念，为企业提供了更科学的财务决策方法。

全球化与信息化阶段（近年来），随着经济全球化和信息技术的快速发展，财务管理实践日益复杂化和多样化，涵盖了国际财务管理、金融工程、企业并购与重组、财务风险管理等领域，要求财务管理者具备更广泛的知识和技能，更加注重数据分析和决策支持系统的运用。

财务管理实践的历史演变反映了经济环境和管理理念的变迁，不断推动着财务管理理论与实践不断完善与发展。

（一）传统财务管理时期

1. 手工账簿记录

手工账簿记录是早期财务管理的主要方式之一。它是在缺乏计算机和电子化系统的年代，财务人员通过纸笔手工记录企业的财务数据。这种记录方式包括各种财务报表，如现金流量表、资产负债表等。财务人员需要手工计算和记录财务数据，这种方式虽然简单直接，但容易出现错误和数据不准确的情况。

手工账簿记录的优势在于简单易行。在计算机技术尚未普及的年代，企业财务管理需要依靠人工完成。手工账簿记录不需要复杂的技术设备和系统支持，只需要一些简单的工具和文具，就可以完成对企业财务数据的记录和管理。这种方式操作简单、成本低廉，适用于当时的企业环境，是早期财务管理的主要手段之一。

手工账簿记录可以有效地掌握企业的财务状况。财务人员通过手工记录企业的财务数据，可以清晰地了解企业的收入、支出、资产、负债等情况。通过制作现金流量表、资产负债表等报表，财务人员可以直观地了解企业的经营状况和财务健康状况，为企业的经营决策提供重要参考依据。

手工账簿记录也存在一些明显的缺点和局限性。由于手工计算和记录容易出现错误，因此财务数据的准确性无法得到保证。财务人员可能会因为疏忽或计算错误而录入错误数据，从而影响企业的财务决策和经营效益。手工账簿记录的效率较低，需要耗费大量的人力、物力进行数据录入和整理，容易造成时间和资源的浪费。另外，手工账簿记录无法实现数据的实时更新和信息共享，不利于企业的及时决策和管理。

随着信息技术的发展和计算机的普及，手工账簿记录逐渐被电子化系统所取代。电子化系统可以实现财务数据的自动采集、处理和分析，大大提高了财务数据的准确性和及时性，提高了财务管理的效率和水平。但即便在电子化系统普及的今天，手工账簿记录仍然具有一定的意义。因为手工账簿记录有简单易行、成本低廉的特点，所以一些小型企业或个体经营者可能仍然采用手工记录方式。因此，手工账簿记录虽然已经逐渐退出了主流，但在某些特定情况下仍然有其存在的必要性和价值。

2. 财务报表编制

财务报表编制在企业财务管理中扮演着至关重要的角色。财务管理发展到后期，企业逐渐采用财务报表编制方式，其中包括利润表、资产负债表、现金流量表等。这些财务报表不仅是对企业财务状况和经营业绩的反映，更是成为决策和分析的重要依据，为企业管理者、投资者、债权人等利益相关方提供了关键的信息。

财务报表编制是企业财务管理的基础。利润表、资产负债表和现金流量表等财务报表，通过系统地汇总和展示企业的财务信息，全面反映了企业的经营活动、资产状况和现金流动情况。这些财务报表为企业管理者提供了全面、准确的数据基础，帮助他们了解企业的财务状况、评估经营绩效，从而制定合理的经营策略和决策方案。

财务报表编制是企业对外信息披露的重要途径。财务报表作为企业财务信息的主要载体，对外公布的财务报表必须真实、准确地反映企业的财务状况和经营成果。这些财务报表不仅能向投资者、债权人等外部利益相关方披露企业的财务信息，还能增强外界对企业的信任和认可，提升企业的声誉和形象，为企业的融资和合作提供了可靠的依据。

财务报表编制是企业内部控制的重要环节。通过编制财务报表，企业可以及时发现和纠正财务信息中的错误和偏差，规范企业的财务活动，加强对资金的管理和使用。同时，财务报表编制也有助于加强企业内部各部门之间的沟通和协调，促进信息共享和资源优化配置，提高企业的运营效率和竞争力。

财务报表编制是企业治理和监督的重要手段。财务报表作为企业治理的重要组成部分，通过向股东、监管机构和其他利益相关方披露企业的财务信息，有助于加强企业内部治理和监督，防范和化解风险，保护投资者和债权人的利益。同时，财务报表编制也可以为外部审计和监管提供依据，有助于确保企业的财务报告真实、准确、完整地反映企业的财务状况和经营成果。

财务报表编制是企业财务管理中不可或缺的重要环节。它不仅为企业管理者提供了决策和分析的重要依据，也是企业对外信息披露、内部控制、治理和监督的重要手段。因此，企业应高度重视财务报表编制工作，加强财务管理和内部控制，提升财务报表的质量和透明度，为企业的可持续发展和健康运营提供有力支撑。

（二）财务分析和决策支持

在当今日益复杂和竞争激烈的商业环境中，财务分析和决策支持是企业管理中至关重要的组成部分。传统财务管理时期，财务分析和决策支持主要依赖于对财务报表的分析和比较以及对财务指标和财务比率的分析。随着技术和管理理念的不断发展，现代财务管理已经走向了一个全新的阶段，涌现出更多先进的工具和方法，为财务分析和决策支持提供了更多的可能性和机会。

现代财务管理不仅注重财务数据的记录、编制和分析，更是注重如何将财务数据转化为可靠的信息，为管理层的决策提供支持。传统财务报表分析只能提供企业过去的财务表现情况，而现代财务分析则更加注重对未来趋势和风险的预测和分析。通过使用先进的数据分析技术和预测模型，企业可以更准确地预测市场需求、竞争动态和财务表现，为管理层提供更可靠的决策支持。

现代财务分析强调的是多维度的分析和综合的决策支持。传统的财务分析主要关注企业财务表现的表面指标和比率，而现代财务分析则更加注重对企业内部和外部环境的深度分析。通过综合运用财务分析、市场分析、竞争分析和风险分析等多种方法，企业可以更全面地了解自身的优势和劣势，把握市场机遇和挑战，为管理层提供更全面和准确的决策支持。

另外，现代财务管理还注重利用信息技术和数字化工具来提高财务分析和决策支持的效率和精度。传统的财务分析主要依赖于手工处理和人工分析，存在效率低下和误差较大的问题。而现代财务分析则借助于信息技术和数字化工具，可以实现财务数据的自动收集、处理和分析，大大提高了分析的效率和精度。通过使用智能化的财务分析软件和大数据分析平台，企业可以更快速地获取和分析财务数据，及时发现问题和机遇，为管理层的决策提供更及时和准确的支持。

现代财务管理强调的是财务分析和决策支持与企业战略目标的紧密结合。传统财务分析主要关注企业的财务表现和盈利能力，而现代财务分析则更加注重对企业长期发展和价值创造的支持。通过与企业战略规划和目标的对接，财务分析可以更好地指导企业资源的配置和投资决策，帮助企业实现可持续发展和长期价值的增长。同时，现代财务分析还可以帮助企业发现新的业务机会和创新方向，为企业的战略调整和转型提供支持。

现代财务管理已经从传统的财务报表分析和比率分析走向全新的阶段，涌现出更多先进的工具和方法，为财务分析和决策支持提供了更多的可能性和机会。通过注重财务数据的转化和预测、多维度的分析和综合的决策支持、信息技术和数字化工具的应用以及与企业战略目标的紧密结合，现代财务管理可以为企业提供更准确、更全面和更及时的决策支持，助力企业实现持续发展和长期价值的增长。

二、现代财务管理实践

现代财务管理通过技术创新和全球化视野，为企业提供了更高效、更安全、更可持续的财务管理方案，促进了企业的长期稳健发展。与传统财务管理相比，现代财务管理有如下特点：

第一，数字化转型。运用信息技术和数据分析工具，实现财务数据的自动化处理和实时监控，提高决策的准确性和时效性。

第二，风险管理。引入先进的风险评估模型和工具，帮助企业识别、评估和应对各类金融风险，降低经营风险。

第三，资金管理。通过现代金融工具和技术手段，优化资金运作，提高资金利用效率，降低融资成本。

第四，全球化视野。考虑全球市场和跨境业务，实施国际化财务管理策略，合理配置资金和风险，拓展国际业务。

第五，可持续发展。将 ESG 因素纳入财务管理考量，推动企业实现经济、社会和环境的可持续发展。

（一）自动化财务管理系统

1. 电子化账务处理

在当今信息技术飞速发展的时代，电子化账务处理系统已成为企业财务管理的主流趋势。这一系统的采用使财务数据的记录和处理实现了自动化，为企业带来了诸多益处。随着企业规模的扩大和业务的复杂化，传统的手工账务处理已经无法满足快速发展的需求，而电子化账务处理系统的引入，则为财务管理注入了新的活力。

电子化账务处理系统极大地提高了财务数据的准确性和及时性。相较于手工处理，电子化账务处理系统能够更快速、更精准地记录和处理大量的财务数据。通过建立自动化的数据采集、录入和核对机制，系统可以有效地避免人为因素导致的错误和漏洞，大大提高了财务数据的准确性。同时，电子化账务处理系统还能够实现数据的实时更新和同步，使企业管理者能够及时了解企业的财务状况，做出更加准确的决策。

电子化账务处理系统减少了人为错误和成本。传统的手工账务处理不仅需要大量的人力和时间投入，而且容易出现人为疏忽或错误导致的数据错误。而电子化账务处理系统的采用，则可以将大部分重复性的账务工作交给计算机系统来完成，极大地减轻了财务人员的工作负担，也降低了人为错误的发生概率。电子化账务处理系统还可以通过自动化流程优化，降低企业的运营成本，提高了企业的经济效益。

另外，电子化账务处理系统还提升了企业的信息化水平和竞争力。随着信息化的深入发展，企业已经越来越重视信息技术在企业管理中的应用。电子化账务处理系统作为信息技术在财务管理领域的典型应用，不仅提高了企业的内部管理效率，还增强了企业对外竞争的实力。通过实现财务数据的数字化管理和实时监控，企业可以更加灵活地应对市场变化，迅速调整经营策略，提升了企业在市场竞争中的竞争力和应变能力。

电子化账务处理系统的引入对于企业的财务管理具有重要的意义。它不仅提高了财务数据的准确性和及时性，减少了人为错误和成本，还提升了企业的信息化水平和竞争力。因此，企业应该积极采用电子化账务处理系统，不断优化和完善系统的功能和性能，以适应日益复杂和多变的商业环境，为企业的可持续发展提供坚实的信息化基础。

2. ERP 系统的应用

在当今复杂多变的商业环境中，企业资源规划（ERP）系统的应用已经成为现代财务管理不可或缺的重要组成部分。随着企业规模的扩大和业务的复杂化，传统的手工操作和分散的管理方式已经无法满足企业快速发展的需求。ERP 系统的出现填补了这一空白，通过整合财务、会计、采购、销售等多个功能模块，为企业提供了一体化的管理解决方案，从而实现了企业各部门之间的信息共享和协同工作，提高了管理效率和决策支持能力。

ERP 系统的应用为企业提供了高效的信息集成和流程优化。传统的财务管理往往需要依靠大量的手工操作和人工核对，容易出现信息不准确、流程不畅等问题。而 ERP 系统通过将企业各部门的业务数据整合到一个统一的数据库中，实现了信息的实时更新和共享，避免了数据冗余和重复录入的情况发生。同时，ERP 系统还通过标准化的业务流程和自动化的操作功能，优化了企业的业务流程，减少了人力资源的浪费，提高了工作效率和质量。

ERP 系统的应用促进了企业内部各部门之间的协同工作和沟通。在传统的管理模式下，各个部门往往是相对独立的，信息闭塞，沟通不畅，容易导致信息孤岛和资源浪费。而 ERP 系统通过建立统一的数据平台和信息交流渠道，实现了各部门之间的实时数据共享和信息传递，打破了部门之间的信息壁垒，促进了团队合作和协同工作。销售部门可以通过 ERP 系统及时了解生产部门的生产计划和库存情况，从而及时调整销售策略和订单安排，提高了订单交付的及时性和准确性。

另外，ERP 系统的应用也为企业提供了更加准确和可靠的决策支持。在信息爆炸和竞争激烈的市场环境下，企业需要及时准确地获取各种信息，并据此进行科学的决策和规划。ERP 系统通过实时监控和分析企业的各项业务数据，为企业管理者提供了全面、准确的数据支持，帮助它们更好地了解企业的运营状况和市场动态，以便及时发现问题和机会，并制定合理的决策和应对措施。财务部门可以通过 ERP 系统实时了解企业的财务状况和经营绩效，为企业的资金管理和投资决策提供科学的依据。

ERP 系统的应用已经成为现代企业管理的重要趋势和发展方向。ERP 系统通过整合财务、会计、采购、销售等多个功能模块，实现了企业各部门之间的信息共享和协同工作，提高了管理效率和决策支持能力。未来，随着信息技术的不断发展和企业管理理念的不断更新，ERP 系统将进一步发挥其重要作用，为企业的持续发展和竞争优势提供有力支撑。

（二）财务数据分析与预测

在当今竞争激烈的商业环境中，现代财务管理已经越来越注重财务数据的分析和预测。随着信息技术的不断发展，企业可以利用各种财务分析工具和数据挖掘技术，对大量的财务数据进行深入挖掘和分析，从而为企业管理层提供更准确、更及时的信息支持。财务数据分析和预测不仅可以帮助企业管理层更好地把握经营状况和未来发展趋势，还可以为企业的决策制定和战略规划提供重要参考，提高企业的竞争力和市场地位。

财务数据分析是企业管理的重要手段之一。通过对财务数据的分析，企业可以深入了解企业的财务状况和经营绩效，识别存在的问题和潜在的机会，为企业的管理和决策提供可靠的依据。企业可以通过分析利润表和资产负债表等财务报表，评估企业的盈利能力、偿债能力和资产负债结构等关键指标，及时发现并解决财务风险和经营问题。同时，企业还可以通过比较不同时间段和不同企业之间的财务数据，发现行业趋势和竞争对手的优劣势，为企业的战略调整和市场定位提供重要参考。

财务数据预测也是企业管理的重要手段之一。在不确定的市场环境下，企业需要对未来的经营状况和市场走势进行准确的预测，以便及时调整经营策略和应对市场风险。通过利用数据挖掘技术和预测模型，企业可以对市场需求、产品销售、成本费用等关键因素进行分析和预测，预测未来的销售额、利润水平和现金流量等重要指标，为企业的财务规划和经营决策提供科学依据。企业可以利用时间序列分析、回归分析等方法，对历史数据进行建模和拟合，预测未来的销售趋势和成本变动，帮助企业做出合理的预算和计划，降低经营风险，提高经营效率。

除了财务数据分析和预测，现代财务管理还注重数据的可视化和智能化应用。通过将财务数据以图表、报表等形式直观展示，可以帮助企业管理层更好地理解和解读数据，发现数据之间的关联和规律。同时，还可以利用 AI 和大数据技术，对海量的财务数据进行分析和挖掘，发现隐藏在数据背后的价值信息，为企业的管理决策提供更深入的参考。企业可以利用机器学习算法和数据挖掘技术，对客户行为、市场趋势等进行分析和预测，优化产品设计、推广营销等策略，提高企业的竞争力和市场份额。

财务数据分析与预测是现代财务管理的重要内容，对企业的发展具有重要意义。通过充分利用各种财务分析工具和数据挖掘技术，企业可以更好地把握经营状况和未来发展趋势，优化资源配置，提高经营效率，实现持续发展和保持可持续竞争优势。因此，企业应该重视财务数据分析与预测的应用，不断完善和优化分析模型和技术手段，提升企业管理水平和决策能力，实现经济效益和社会效益的双重提升。

第三节　当前财务管理挑战与机遇

一、当前财务管理面临的挑战

当前，财务管理面临多方面的挑战，需要财务管理者保持敏锐的洞察力和应变能力，积极应对挑战，为企业持续发展提供稳健的财务支持。

第一，不确定性增加。全球经济环境不稳定，市场波动性增加，企业面临更多不确定性因素，如货币政策调整、贸易摩擦等，导致财务预测和决策更加困难。

第二，技术变革。信息技术的迅速发展，特别是大数据、AI和区块链等技术的应用，对财务管理带来了新的挑战和机遇，需要财务管理者不断学习和适应新技术，提升数据分析和决策能力。

第三，资本市场变化。资本市场的变化对企业的融资环境和经营成本产生影响，包括利率波动、资本流动性变化、投资者需求变化等，需要企业调整融资策略和风险管理手段。

第四，税收和法规变化。各国税收政策和法规不断调整，企业需要及时了解并遵守相关规定，以避免税务风险和合规问题。

第五，战略转型和创新需求。企业面临市场竞争加剧、产业结构调整等挑战，需要进行战略转型和创新，财务管理需要与业务发展紧密结合，为企业提供有效的财务支持和战略决策。

（一）技术变革与数字化转型

1. 数字化技术应用

数字化技术应用已成为当今财务管理领域的主要趋势，企业进行财务管理系统的数字化转型已经成为不可避免的趋势。在这一转型过程中，企业面临着对新技术的理解和应用挑战，以及对传统财务管理模式的颠覆性影响。数据分析和AI等新兴技术的广泛应用，不仅为财务管理带来了前所未有的便利和效率提高，也对传统的财务管理模式提出了新的要求。

数字化技术应用使财务数据的收集、处理和分析变得更加便捷和高效。传统的财务管理模式依赖于手工记录和处理数据，耗费大量的人力、物力，容易出现错误和延误。而数字化技术的应用可以实现财务数据的自动化采集和处理，大大提高了数据的准确性和及时性。企业可以通过财务管理软件、云计算等技术实现对财务数据的实时监控和分析，为企业的决策提供及时可靠的数据支持。

数据分析和 AI 等新兴技术的广泛应用，为财务管理带来了全新的管理模式和方法。传统的财务管理模式主要侧重于数据的记录和报告，对数据的分析和挖掘比较有限。而数据分析和 AI 等新兴技术可以实现对海量数据的深度分析和挖掘，发现数据之间的潜在关联和规律，为企业提供更全面、更深入的财务信息。通过数据分析和 AI 技术，企业可以实现对财务风险的预测和控制，优化资金的运作和配置，提高财务管理的效率和水平。

数字化技术应用也带来了一些挑战和问题。企业对新技术的理解和应用需要一定的时间和成本投入，而且企业内部可能存在技术能力不足的情况，影响了数字化转型的顺利进行。数字化技术的应用可能会对企业的组织结构和人员岗位产生影响，需要进行相应的调整和变革。另外，数字化技术的应用也可能会带来信息安全等方面的风险和挑战，企业需要加强对数据安全和隐私保护的管理。

为了应对数字化技术应用的挑战，企业需要加强对新技术的学习和理解，不断提升自身的技术能力和管理水平。同时，还需要进行组织结构和人员培训方面的调整和改进，确保企业内部能够适应数字化转型的需要。企业还需要加强对信息安全和隐私保护的管理，建立完善的信息安全管理体系，保障企业财务数据的安全和可靠。

数字化技术应用给财务管理带来了巨大的变革和机遇，但也带来了一些挑战和问题。企业需要加强对新技术的学习和应用，不断优化财务管理模式和方法，实现数字化转型的顺利进行，为企业的发展提供强大的技术支持和保障。

2. 信息安全与隐私保护

信息安全与隐私保护是当今财务管理领域所面临的关键挑战之一。随着数据泄露和信息安全风险的不断增加，财务管理对财务数据的安全性和隐私保护提出了更为迫切的要求。在这一背景下，加强信息安全管理和技术保障，成为确保企业财务安全和维护商业信誉的重要任务。

随着信息技术的迅速发展和广泛应用，企业面临着越来越多的信息安全威胁和风险。黑客攻击、病毒感染、网络钓鱼等网络安全事件时有发生，给企业的财务数据带来了严重威胁。一旦财务数据泄露或遭到篡改，将可能导致企业财务损失、商业信誉受损，甚至需承担法律责任。因此，加强信息安全管理，提高对财务数据的保护水平，成为企业必须面对和解决的重要问题。

隐私保护也成为财务管理中不可忽视的重要议题。随着信息化程度的提升和数据交换的频繁，企业所涉及的客户信息、员工信息等敏感数据面临着泄露风险。保护用户的隐私权不仅是企业的法律义务，也是企业维护良好商业信誉和客户关系的重要保证。因此，企业需要建立健全的隐私保护机制，严格遵守相关法律法规，加强对用户数据的收集、存储和处理管理，确保用户隐私得到有效保护。

另外，信息安全管理和隐私保护需要从多个方面着手，既需要技术手段的支持，也需要管理和制度的保障。在技术层面，企业可以采用防火墙、加密技术、权限控制等手段，提高财务数据的安全性和保密性；同时，建立完善的数据备份和恢复机制，及时应对数据泄露或损坏事件，降低损失。

（二）人才培养

数字化技术在各个行业广泛应用，财务领域也不例外。需要具备数字化技术应用能力的财务人才已经成为当今企业财务管理中的重要需求，这给人才培养提出了新的挑战。提升数字化素养、加强数字化人才培养，已经成为当前财务管理面临的重要课题。

数字化时代对财务人才的要求发生了根本性的变化。传统财务人员主要侧重于会计学和财务管理理论的学习，掌握基本的财务知识和技能即可。在数字化时代，单纯的会计知识和财务技能已经远远不能满足企业对财务人才的需求。现代财务人才不仅需要具备扎实的财务专业知识，还需要具备较高的数字化技术应用能力，能够熟练运用财务软件、数据分析工具和AI技术，处理和分析海量的财务数据，为企业的决策提供支持。

数字化时代对财务人才的素质提出了更高的要求。传统财务人员通常以勤奋踏实、细心负责为核心素质，然而在数字化时代，财务人才需要具备更多的创新意识、团队合作能力和跨界沟通能力。数字化技术的不断更新和变革，要求财务人员具备不断学习和适应变化的能力，能够快速掌握新技术、新工具，不断提升自己的竞争力和适应能力。同时，数字化时代财务工作的复杂性和跨部门性也要求财务人员具备较强的团队合作和沟通协调能力，能够与其他部门密切合作，共同解决复杂的财务问题，推动企业实现战略目标。

在数字化时代，财务人才的培养内容需全面升级，以应对快速变化的经济环境与技术革新。这要求财务人才不仅需要精通传统的会计核算、成本管理、财务分析等基本技能，还需要深入掌握一系列新兴领域的知识与技能。首先，强化数据分析能力是关键。财务人员需要学习运用大数据、云计算等先进技术，从海量数据中提取有价值信息，进行深度挖掘与预测分析，为企业决策提供有力支持。这包括学习 SQL、Python 等编程语言及 Excel 高级功能，以及掌握数据可视化工具，使复杂数据直观易懂。其次，培养财务与业务的深度融合能力。数字化时代强调“业财融合”，财务人员需要深入理解业务流程，参与企业战略制定，通过财务视角洞察业务机会与风险，推动跨部门协作，实现资源优化配置。再次，注重数字化转型与管理知识的积累。财务人员应了解数字化转型的最新趋势，掌握 ERP、CRM 等企业管理软件的应用，以及区块链、AI 等前沿技术在财务管理中的应用前景，积极参与企业数字化转型进程。最后，还应加强财经法规、国际会计准则及风险管理等方面的学习，提升综合职业素养与国际化视野，以应对全球化竞争中的复杂挑战。

综上所述，数字化时代的财务人才培养是一个多维度、全方位的过程，旨在培养既懂财务又懂技术、既懂业务又懂管理的复合型人才，为企业持续发展注入强劲动力。

二、当前财务管理的机遇

当前，财务管理面临着诸多机遇，企业可以借助这些机遇实现财务管理的优化和提升，推动企业持续发展和竞争力提升。

第一，科技创新。随着科技的迅速发展，财务管理领域出现了许多新技术和工具，如 AI、大数据分析、区块链等，可以帮助企业实现财务数据的自动化处理和精准分析，提高决策效率。

第二，全球化市场。全球化带来了更广阔的市场空间和更多的商机，企业可以通过跨境贸易、跨国投资等方式拓展业务，实现更好的资金运作和风险分散。

第三，绿色金融。社会对环保和可持续发展的关注度增加，推动了绿色金融的发展，企业可以通过发行绿色债券、开展可再生能源项目等方式获得更多的融资机会。

第四，金融市场改革。金融市场改革和监管政策的变化为企业提供了更多融资渠道和更灵活的融资方式，有利于降低融资成本和提高融资效率。

第五，数字货币和区块链。数字货币和区块链技术的兴起为企业提供了更快捷、更安全的支付和结算方式，降低了跨境交易成本，提升了国际贸易的便利性。

（一）数据驱动决策与预测分析

1. 数据驱动决策

数据驱动决策已经成为现代财务管理的重要趋势。随着大数据和数据分析技术的不断发展和应用，企业可以利用海量的数据资源，通过数据挖掘、数据分析等手段，为财务管理提供更多的决策支持和提高财务管理预测分析能力。数据驱动的决策模式不仅提高了财务管理的效率，还提高了决策的质量，降低风险，促进企业的持续发展和竞争优势的增强。

数据驱动决策为财务管理提供了更多的决策支持。传统的财务管理往往依赖有限的数据资源和经验判断，容易受到主观意识和局限性的影响。而数据驱动决策模式则可以利用大数据和数据分析技术，从海量的数据中挖掘有价值的信息和规律，为决策者提供客观、科学的决策依据。企业可以通过对历史财务数据的分析，预测未来的市场需求和销售趋势，优化产品结构和市场定位，提高销售收入和利润水平。同时，还可以通过对行业数据和竞争对手的分析，及时调整经营策略和投资方向，降低市场风险，提高企业的竞争力和市场地位。

数据驱动决策提高了财务管理的效率。在传统的财务管理中，企业往往需要花费大量的时间和人力资源来收集、整理和分析财务数据，决策周期长，效率低。而数据驱动决策模式则可以通过自动化的数据采集和处理技术，实现对大数据的快速分析和挖掘，提高决策的实时性和准确性。企业可以利用财务管理系统和数据分析软件，实现财务数据的实时监控和分析，及时发现并解决存在的问题和风险，提高财务管理的效率和响应速度。同时，企业还可以利用 AI 和机器学习算法，对财务数据进行智能化处理和预测分析，减少人为误差，提高决策的准确性和精确度。

数据驱动决策提高了财务管理的决策质量。在传统的财务管理中，决策往往依赖于经验和直觉，容易受到主观意识和偏见的影响，导致决策结果不够科学和可靠。而数据驱动决策模式则可以通过客观的数据分析和预测技术，为决策者提供客观、科学的决策依据，降低决策的风险和不确定性。企业可以利用数据挖掘技术和预测模型，对财务数据进行深入分析和预测，发现数据之间的潜在关联和规律，提高决策的科学性和可靠性。同时，企业还可以通过数据可视化技术，将复杂的数据信息以图表、报表等形式直观展示，帮助决策者更好地理解和解读数据，以做出更明智的决策。

数据驱动决策已经成为现代财务管理的重要趋势。通过充分利用大数据和数据分析技术，企业可以实现对财务数据的深度挖掘和智能化处理，为决策者提供更多的决策支持，提高决策者的决策质量和预测分析能力，提升财务管理的效率，促进企业的持续发展和竞争优势的增强。因此，企业应该积极推动数据驱动决策模式的应用，加强数据管理和技术创新，不断完善和优化财务管理体系，实现经济效益和社会效益的双重提升。

2. 智能化财务管理工具

在当今数字化时代，大数据和数据分析技术的广泛应用为财务管理带来了前所未有的决策支持，提高了财务管理的预测分析能力。这种数据驱动的决策模式不仅提高了财务管理的效率，而且提高了决策质量，为企业的发展提供了强有力的支持。

数据驱动决策模式使财务管理更加科学和精准。传统的财务决策主要依靠经验和直觉，容易受到主观因素的影响，导致决策结果不够准确和可靠。而数据驱动决策模式则通过收集、分析和挖掘大量的财务数据，基于数据和事实进行决策，避免了主观偏见和随意性，提高了决策的客观性和准确性。通过数据分析技术，可以更加深入地了解企业的财务状况和运营情况，及时发现问题和机遇，为企业的战略制定和执行提供科学依据和有效支持。

数据驱动决策模式提高了财务管理的效率和灵活性。传统的财务决策往往需要耗费大量的时间和人力，数据收集和分析工作烦琐而耗时。而数据驱动决策模式则通过自动化和智能化的数据处理工具和技术，大大提高了数据分析和决策支持的效率。通过使用数据仓库、数据挖掘和机器学习等技术，财务管理可以实现数据的快速收集、实时分析和智能预测，为管理层提供及时的决策支持和反馈，帮助企业更加快速地适应市场变化和管理需求，提高竞争力和应变能力。

另外，数据驱动决策模式拓展了财务管理的决策范围和深度。传统的财务决策主要关注企业的财务表现和盈利能力，而数据驱动决策模式则可以实现多维度、全方位的数据分析和对决策的支持。数据驱动决策模式通过整合内部和外部数据资源，可以深入分析企业的市场需求、客户行为、竞争动态等多方面，从而更全面地了解企业的运营环境和发展趋势，为管理层提供更全面和深入的决策支持。同时，数据驱动决策模式还可以实现对决策结果的实时监控和调整，及时发现和纠正错误，提高决策的灵活性和适应性。

数据驱动决策模式推动了财务管理的创新和转型。传统的财务管理主要侧重财务数据的记录和编制，而数据驱动决策模式则强调财务数据的分析和运用。通过数据分析技术，可以实现对财务数据的深度挖掘和分析，发现隐藏在数据背后的规律和价值，为企业提供更多的商业洞察和创新思路。同时，数据驱动决策模式还可以推动财务管理向智能化和自动化方向发展，通过引入 AI、大数据和区块链等前沿技术，实现财务管理的全面数字化转型，提高管理效率和决策质量，推动企业实现可持续发展和长期价值的增长。

数据驱动决策模式通过提高决策的科学性和准确性、提高决策的效率和灵活性、拓展决策的范围和深度、推动管理的创新和转型等方面，提高了财务管理的效率和决策质量，为企业的发展提供了强有力的支持。数据驱动决策已经成为财务管理的重要趋势和发展方向，需要企业加强对数据分析技术的应用和人才培养，推动财务管理向数字化、智能化方向迈进，实现管理的科学化、精细化和智能化。

（二）全球化市场与跨境业务

全球化市场和跨境业务的发展，为企业提供了更多的发展机遇和拓展空间。随着全球化程度的不断提升，企业面临更广阔的市场和更多的竞争对手，也面临更复杂的经营环境和更多的风险挑战。在这样的背景下，财务管理显得尤为重要，它需要适应全球化市场的变化，把握跨境业务的机遇和挑战。

全球化市场给企业带来了更多的发展机遇。随着经济全球化的加深，企业可以更容易地进入海外市场，拓宽业务范围，实现规模化经营和国际化发展。跨国公司可以通过在不同国家和地区设立分支机构和合作伙伴，实现资源的优化配置和市场份额的增长。中小企业可以通过跨境电商和国际贸易平台，拓展海外市场，提升品牌知名度和市场竞争力。这些发展机遇为企业带来了更多的业务增长和利润增长的可能性，促进了企业的持续发展和壮大。

全球化市场也给企业带来了更多的挑战和风险。在跨境业务中，企业需要面对不同国家和地区的法律法规、文化习俗、汇率波动等各种不确定因素，这给企业的经营活动带来了一定的不确定性和风险。跨国公司在海外投资可能面临政治风险、经济风险和市场风险。企业在海外销售可能面临贸易壁垒、竞争压力和汇率波动等。这些挑战和风险需要企业在财务管理方面做出及时、准确的应对，采取有效的风险管理措施，确保企业的长期稳健发展。

在应对全球化市场变化和跨境业务挑战过程中，财务管理发挥着至关重要的作用。财务管理需要及时获取并分析全球市场信息，了解市场动态和竞争环境，为企业的战略规划和决策提供科学依据。通过对不同国家和地区的经济数据、市场报告和竞争情报进行收集和分析，企业可以及时发现市场机遇和潜在风险，调整产品结构和市场定位，优化资源配置和风险管理。财务管理需要建立健全的跨境业务财务体系，确保企业的财务数据和财务报告符合国际会计准则和国际财务报告标准，保证财务信息的真实、准确和可比性。企业在跨境业务中可能面临不同的会计制度、货币计价和税收政策，需要合理调整财务报告和财务分析方法，确保财务数据的可信度和可靠性。财务管理需要建立有效的跨境资金管理机制，优化资金结构和资金运作，降低资金成本和汇率风险，确保企业的资金流动性和稳健性。通过合理选择资金来源和资金运用方式，建立多元化的资金渠道和投资组合，降低资金风险和经营风险，提高资金利用效率和企业价值。

全球化市场和跨境业务的发展为企业带来了更多的发展机遇和拓展空间，也带来了更多的挑战和风险。财务管理作为企业管理的重要组成部分，需要适应全球化市场的变化，把握跨境业务的机遇和挑战，为企业的持续发展和壮大提供有效的支持和保障。因此，企业应该重视财务管理的作用和意义，在财务管理方面不断提升自身的管理水平和专业能力，积极应对全球化市场变化和跨境业务挑战，实现经济效益和社会效益的双重提升。

第四节　未来财务管理的发展趋势预测

一、未来财务管理的预测

未来，财务管理将更加注重数字化和智能化。随着技术的不断进步，企业将更多地依赖数据分析和 AI 来进行财务决策和规划。预测模型和算法将变得更加精确和可靠，帮助企业更好地预测未来的财务状况和风险。同时，区块链技术将被广泛应用于财务管理领域，提高数据的安全性和透明度。财务管理团队也将更加注重战略规划和风险管理，积极应对市场波动和不确定性。未来，财务管理将更加科技化、智能化和精细化，为企业的可持续发展提供更强有力的支持。

（一）大数据分析和实时财务信息

1. 大数据分析

大数据分析已经成为财务管理领域的重要趋势，它为企业提供了更多的数据资源和分析手段，有助于预测趋势、优化财务策略和降低风险。随着 AI 和机器学习技术的不断发展，大数据分析在财务管理中的应用将更加广泛，实现数据驱动的智能决策。

大数据分析为财务管理提供了更广阔的视野，提高了财务管理的洞察能力。传统的财务管理模式主要侧重对历史数据的记录和分析，难以预测未来的趋势和变化。而大数据分析可以利用海量的数据资源，结合数据挖掘和统计分析等方法，发现数据之间的潜在关联和规律，为企业提供更全面、更准确的信息。通过对市场、客户、竞争对手等方面的数据分析，企业可以更好地把握市场变化，优化产品定价和营销策略，提升企业的竞争优势。

大数据分析可以帮助企业优化财务策略和提高经营效率。传统的财务管理模式主要侧重于对财务数据的记录和报告，难以深入挖掘数据的潜在价值。而大数据分析可以实现对财务数据的深度分析和挖掘，发现企业在盈利模式和成本结构方面的潜在问题和优化空间。通过大数据分析，企业可以实现对资金运作和投资决策的优化，降低成本，提高利润，从而增强企业的盈利能力和竞争优势。

大数据分析也面临着一些挑战和问题。大数据分析需要大量的数据资源和专业的技术支持，而一些中小型企业可能缺乏相关的资源和技术能力，难以实现大数据分析的应用。大数据分析涉及数据隐私和安全等方面的问题，企业需要加强对数据的保护和管理，避免数据泄露和滥用的风险。另外，大数据分析也需要企业进行组织结构和人员培训等方面的调整，以适应新的管理模式和方法。

为了充分发挥大数据分析在财务管理中的作用，企业需要加强对大数据技术的学习和应用，不断完善数据收集和分析体系，提升数据的质量和可靠性。同时，还需要加强对数据隐私和安全等方面的管理，建立完善的数据安全管理体系，保障企业财务数据的安全和可靠。另外，企业还需要进行组织结构和人员培训等方面的调整，建立高效的团队和工作流程，为大数据分析的应用提供坚实的组织和人员基础。

大数据分析将成为财务管理领域的重要趋势，为企业提供更多的数据资源和分析手段，有助于预测趋势、优化财务策略和降低风险。通过引入 AI 和机器学习技术，实现数据驱动的智能决策，企业可以更好地把握市场机遇，提升竞争优势，实现长期稳健发展的目标。

2. 实时财务信息

保障实时财务信息的安全性和隐私保护已成为企业面临的一项重要任务。随着数据泄露和信息安全风险的不断增加，财务管理对财务数据的安全性和隐私保护提出了更高的要求。在这样的背景下，加强信息安全管理和技术保障成为当前财务管理面临的重要挑战之一。

实时财务信息的需求日益增加，这主要受到市场竞争激烈、经济环境不稳定等因素的影响。企业需要及时了解自身财务状况，以便及时调整经营策略，应对市场的变化和挑战。为了满足这种需求，企业开始采用实时财务报告和分析工具，以便在需要时能够迅速获取准确的财务信息，并作出及时的决策和调整。

随着实时财务信息需求的增加，企业面临着诸多挑战，其中最主要的挑战之一便是信息安全和隐私保护。财务数据作为企业的核心资产之一，一旦遭到泄露或未经授权的访问，将会对企业造成严重的损失，不仅可能导致财务损失，还可能损害企业的声誉和客户信任。因此，加强信息安全管理和技术保障已经成为企业必须完成的重要任务。

为了保障实时财务信息的安全性和隐私保护，企业需要采取一系列措施。建立完善的信息安全管理制度和流程，包括制定安全策略和规范、建立安全管理组织、加强员工安全意识培训等，以确保财务数据得到有效的保护和管理。采用先进的信息安全技术和工具，包括加密技术、访问控制技术、身份认证技术等，以提高财务数据的安全性和防护能力。加强对外部合作伙伴和供应商的监督和管理，确保其符合相关的信息安全标准和要求，从而避免外部渠道导致的信息泄露风险。

除加强信息安全管理和技术保障外，企业还应注重隐私保护。隐私保护不仅涉及对财务数据的保护，还涉及对客户、员工等相关方个人信息的保护。

（二）区块链技术

在当今数字化时代，区块链技术被广泛认为是一项具有革命性潜力的技术，将应用于财务管理领域，以提升数据安全性和交易可追溯性，实现更高效的财务审计和合规性管理。区块链技术的引入将为财务管理带来全新的机遇和挑战，推动财务管理领域向数字化、智能化转型，为企业创造更多的价值和建立竞争优势。

区块链技术将提升财务数据的安全性和可信度。传统的财务管理主要依赖中心化的数据存储和管理系统，存在数据篡改和信息泄露的风险。而区块链技术通过分布式账本和加密算法，将财务数据存储在多个节点上，并使用哈希加密技术确保数据的不可篡改性，从而有效防止数据被篡改，或篡改后容易被发现。区块链技术还可以实现数据的实时同步和共享，确保所有参与方都拥有相同的数据版本，增强了数据的可信度和一致性，为财务管理提供了更可靠的数据基础。

区块链技术将提升财务交易的可追溯性和透明度。在传统的财务交易过程中，交易信息通常存储在中心化的数据库中，只有交易双方和监管机构才能访问和核实交易信息，缺乏透明度和可追溯性。而区块链技术通过将交易信息记录在不可篡改的区块链上，并使用智能合约确保交易的自动执行和可追溯性，实现了交易信息的公开透明和全程记录。任何参与方都可以随时查询和核实交易信息，提升了交易的透明度和信任度，减少了交易纠纷和欺诈行为，为财务管理带来更高效的交易处理和管理。

二、未来财务管理的发展趋势

未来，财务管理的发展趋势将更加数字化、智能化和可持续化，助力企业实现长期发展和价值创造。数字化技术如大数据、AI 和区块链将被广泛应用于财务决策和数据分析，提升决策的准确性和效率。智能化工具如自动化财务系统、机器学习算法将成为财务管理的重要工具，提高业务运营效率。可持续化发展理念将渗透到财务管理中，企业将更加关注 ESG 的影响，采取可持续的投资和经营策略。

（一）可持续发展与社会责任

1. 可持续财务战略

在当今世界，企业越来越意识到可持续发展的重要性，这不仅包括经济可持续性，还包括 ESG 方面的可持续性。在这种情况下，财务管理的角色变得更加重要，需要与 ESG 相结合，以制定和执行可持续财务战略。这些战略不仅考虑了企业的财务利益，还充分考虑了环保、社会责任和治理风险，以确保企业的长期成功和可持续发展。

可持续财务战略需要考虑环保因素。随着全球环境问题的日益严重，企业在经营过程中需要承担更多的环境责任。因此，财务战略必须考虑环境友好型投资和经营实践，包括降低碳排放、节约能源、减少废弃物和污染物排放等措施。财务部门需要与其他部门合作，制定和执行可持续的环境政策，确保企业的运营活动对环境影响的最小化。

可持续财务战略需要考虑社会责任。企业作为社会成员，有责任回馈社会，关注员工福利、社区发展和公益事业。因此，财务战略必须考虑社会责任投资和社会影响评估，包括提高员工福利、支持社区项目、参与慈善活动等。财务部门需要与企业的社会责任部门密切合作，确保社会责任项目资金使用合理、透明，并能够为企业创造长期的社会价值。

可持续财务战略需要考虑治理风险。良好的公司治理是企业成功的基石，可以确保企业在管理和运营方面的透明度、责任性和合规性。因此，财务战略必须考虑治理风险管理和监督机制的建立，包括制定有效的内部控制制度、建立独立的监督机构、加强对关键风险的监测和评估等。财务部门需要与公司治理部门和内部审计部门合作，确保企业的治理结构健全，风险得到有效管理。

可持续财务战略是企业实现长期可持续发展的关键。这些战略不仅需要考虑财务利益，还需要充分考虑环保、社会责任和治理风险。财务部门需要与其他部门合作，制定和执行这些战略，确保企业在经济、环境、社会和治理方面都能够有良好的表现，实现企业的长期成功和可持续发展。

2. ESG 投资

ESG 因素在投资中的影响日益增强，已经成为当今财务管理不可忽视的重要考量因素。随着社会对可持续发展和企业社会责任的重视程度不断提高，ESG 投资已经成为投资者和企业管理者关注的焦点之一。在这种背景下，财务管理需要更加全面地考虑 ESG 因素，以应对新的挑战，把握新的机遇。

ESG 投资呼唤财务管理的变革和升级。传统的财务管理主要侧重于财务报表和财务指标的编制和分析，而忽视了 ESG 方面的影响。随着 ESG 投资的兴起，财务管理需要更加全面地考虑企业的 ESG 表现及 ESG 因素对企业长期价值的影响。财务管理不仅需要关注企业的财务业绩，还需要关注企业的环境保护、社会责任和治理规范等方面，实现财务业绩和 ESG 表现的双赢。

ESG 投资强调风险管理和价值创造的结合。传统的财务管理主要关注风险和回报之间的平衡，而 ESG 投资则强调风险管理和价值创造的统一。ESG 因素不仅影响着企业的经营风险和盈利能力，还影响着企业的声誉和市场竞争力。通过考虑 ESG 因素，财务管理可以更好地识别和评估企业的风险和机遇，规避潜在的 ESG 风险，把握 ESG 机遇，实现长期价值的稳健增长。

另外，ESG 投资推动了财务管理的创新和变革。传统的财务管理主要依靠财务报表和财务指标进行分析和决策，而 ESG 投资则需要更多地采用非财务指标和非财务信息进行分析和决策。财务管理需要结合 ESG 报告、社会责任报告和可持续发展报告等非财务信息，深入了解企业的 ESG 表现和 ESG 风险，为投资决策和风险管理提供更全面的信息支持。同时，ESG 投资也推动了财务管理的信息披露和透明度，促使企业更加透明地披露 ESG 信息，增强投资者和利益相关者的信任和认可。

ESG投资促进了财务管理与可持续发展的深度融合。传统的财务管理主要关注短期利润和经济增长，而ESG投资则注重长期价值和社会责任。财务管理需要更加全面地考虑企业的可持续发展战略和ESG绩效，促进财务目标与可持续发展目标的一致性和协调性。通过整合财务管理和可持续发展管理，企业可以实现财务业绩和ESG表现的统一，推动经济增长和社会进步的双赢。

ESG投资已经成为财务管理的新趋势和发展方向，需要财务管理更加全面地考虑企业的ESG表现，把握ESG投资的机遇和挑战。财务管理需要变革和升级，强调风险管理和价值创造的统一，推动创新和变革，实现财务管理与可持续发展的深度融合，为企业的可持续发展和长期价值的增长提供强有力的支持。ESG投资已经成为财务管理的重要课题和挑战，需要企业加强对ESG因素的管理和应对能力，推动企业向可持续发展和社会责任的方向迈进。

（二）数字化金融服务

数字化金融服务的崛起标志着金融业务正朝着可持续发展和社会责任方向迈进。随着科技的不断发展和应用，传统金融服务模式正在被数字化金融服务所颠覆和改变。数字化金融服务不仅提供了更加便捷和高效的金融产品和服务，还通过整合金融科技和社会责任理念，推动金融业务向更加可持续的方向发展。在这样的背景下，开发数字化金融产品和服务，支持企业实现可持续发展目标已经成为金融行业的重要任务之一。

数字化金融服务为金融业务的可持续发展提供了新的动力和机遇。传统金融服务模式存在信息不对称、服务门槛高、效率低下等问题，难以满足广大客户的个性化需求和金融服务的全面需求。而数字化金融服务通过利用互联网、大数据、AI等技术手段，实现了金融服务的全面数字化和智能化，提高了金融服务的效率和便利性，降低了金融服务的成本和门槛，为更多的客户提供了更加个性化和精准化的金融服务。数字化金融服务可以通过智能化的风险评估模型和信用评分系统，为中小微企业提供更加灵活和便捷的融资服务；可以通过智能化的投资组合优化模型和资产配置工具，为个人投资者提供更加安全和高效的投资理财服务。这些数字化金融服务的创新和应用为金融业务的可持续发展提供了新的动力和机遇，推动了金融业务向更加普惠和包容的方向发展。

数字化金融服务为金融业务的社会责任发展提供了新的路径和模式。随着社会对金融业务的责任和透明度要求不断提高，金融机构和金融从业者需要更加关注社会责任和可持续发展问题。数字化金融服务通过整合金融科技和社会责任理念，探索了一系列可持续发展的金融产品和服务，促进了金融业务的社会责任发展和社会效益提升。数字化金融服务可以通过智能化的绿色金融产品和服务，支持环保产业和可再生能源项目，推动经济转型和环境保护；可以通过智能化的社会公益基金和慈善捐赠平台，支持教育、医疗等社会公益事业，促进社会公平和民生改善。这些数字化金融服务的创新和应用，为金融业务的社会责任发展提供了新的路径和模式，促进了金融业务向更加可持续和社会责任的方向发展。

在数字化金融服务的发展和应用过程中，金融机构和金融从业者需要积极采取一系列措施，促进金融业务的可持续发展和社会责任发展。金融机构需要加大对数字化金融服务的投入和支持，加快数字化转型和创新，推动金融业务向更加智能化和可持续的方向发展。金融机构可以加强与金融科技企业和创新团队的合作和支持，共同开发和推广数字化金融产品和服务，可以加强对数字化金融人才的培养和引进，提高数字化金融服务的技术水平和管理能力。金融机构需要加强对数字化金融服务的监督和管理，确保数字化金融服务的安全和稳健运行。金融监管部门可以制定和完善相关政策法规，规范数字化金融服务的发展和应用，防范金融风险和金融犯罪，可以加强对数字化金融服务平台和机构的监督和检查，保障金融消费者的合法权益和金融市场的稳定运行。金融机构需要加强与政府、企业和社会组织的合作与协作，共同推动数字化金融服务的发展和应用，促进金融业务的可持续发展和社会责任发展。金融机构可以积极参与政府的数字经济发展战略和产业政策制定，共同推动数字化金融服务的发展和应用，可以加强与企业和社会组织的合作，共同开展数字化金融服务项目和社会责任活动。

第二章 数字化技术与财务管理创新

第一节 AI在财务管理中的应用

一、AI在财务管理中的具体应用

AI在财务管理中的应用将越来越广泛。AI可以自动化完成日常财务任务，如发票处理、账单管理和报销审批，提高效率和准确性。AI在数据分析方面发挥重要作用，通过大数据分析和预测模型，帮助企业更好地理解市场趋势、客户需求和财务风险，从而做出更明智的决策。AI还可以用于欺诈检测和风险管理，提升财务安全性。AI在财务管理中的应用将为企业带来更高效、精准和安全的财务运营。

（一）自动化财务处理

1. 智能会计系统

智能会计系统是利用AI技术开发的一种先进的财务管理工具，旨在实现财务数据的自动化录入和处理。通过智能会计系统，企业可以实现财务信息的自动识别和分类，减少了人工干预的可能性，降低了人为错误的发生率，从而提高了数据的准确性和可靠性。

智能会计系统利用AI技术实现了财务数据的自动化录入。传统的会计工作通常需要财务人员手动录入大量的财务数据，这不仅费时费力，还容易出现数据录入错误。而智能会计系统通过 AI 技术，可以实现对财务数据的自动识别和提取，将纸质或电子版的财务文档转换为数字化数据，从而减少了人工录入的工作量，提高了数据录入的效率和准确性。

智能会计系统可以自动识别和分类财务信息。在传统的会计工作中，财务人员需要对财务数据进行分类和归档，这需要一定的专业知识和经验。而智能会计系统通过 AI 技术，可以自动识别财务信息的类别和属性，将财务数据按照预设的规则和标准进行分类和归档，从而减少了人工操作的可能性，降低了错误的发生率，提高了数据的准确性和一致性。

智能会计系统也面临着一些挑战和问题。智能会计系统的准确性和可靠性受 AI 技术的限制，可能会出现误识别或漏识别的情况，影响财务数据的准确性。智能会计系统的开发和运营成本较高，需要企业投入大量的人力、物力和财力，这可能会对于一些中小型企业造成负担。另外，智能会计系统的安全性也是一个重要的考虑因素，需要企业加强对数据的保护和管理，防止数据泄露和滥用的风险。

为了充分发挥智能会计系统在财务管理中的作用，企业需要加强对 AI 技术的学习和应用，不断完善智能会计系统的功能和性能，提高其准确性。

2. 智能报表生成

智能报表生成已经成为财务管理领域的一个重要趋势。通过 AI 算法的运用，企业可以实现智能报表的自动生成和分析，从而提高财务报表的生成速度和准确度，为管理层及时决策提供支持。

随着科技的不断进步，AI 技术在各个领域都展现出强大的应用潜力，财务管理领域也不例外。传统的财务报表编制往往需要大量的人力和时间，而且容易受到人为错误的影响，限制了财务数据的及时性和准确性。而通过 AI 算法的运用，企业可以将大数据、机器学习等技术应用于财务报表的生成和分析过程中，实现智能化的报表生成和分析，从而提高了财务管理的效率和精度。

智能报表生成的核心是利用 AI 算法对海量的财务数据进行自动分析和处理，从而生成符合财务规范和标准的报表。通过机器学习算法，系统可以自动识别财务数据中的模式和规律，自动生成各类财务报表，如利润表、资产负债表、现金流量表等，大大减少了人工编制报表的时间和成本。而且，智能报表生成系统还可以实现财务数据的实时更新和同步，确保报表的及时性和准确性。

除了自动生成财务报表，智能报表生成系统还可以实现对财务数据的智能分析和解读。通过数据挖掘和统计分析等技术，系统可以自动识别财务数据中的趋势和异常，提供实时的财务分析报告和预警信息，为管理层及时决策提供支持。系统可以自动识别销售额的增长趋势、成本的波动情况等，为管理层提供重要的业务指导和战略建议。

智能报表生成的应用不仅提高了财务报表的生成速度和准确度，还为企业管理层提供了更加全面和及时的财务信息，有助于他们更好地了解企业的财务状况，并制定有效的经营策略和决策方案。同时，智能报表生成系统还可以提高财务部门的工作效率，释放人力资源，降低财务管理的成本和风险，促进企业的可持续发展。

智能报表生成是财务管理领域的一项重要技术创新。它利用 AI 算法实现了财务报表的自动生成和分析，提高了财务报表的生成速度和准确度，为企业管理层及时决策提供了有力支持。随着 AI 技术的不断发展和应用，智能报表生成将发挥越来越重要的作用，成为推动企业财务管理转型升级的重要引擎。

（二）自动化审计

随着科技的不断发展，自动化审计成为财务管理领域的一项重要技术。利用 AI 技术进行自动化审计，能够有效提高审计效率和准确性，同时通过数据挖掘和模式识别，还能够发现潜在的财务风险和问题，为企业提供更可靠的财务管理支持。

传统的审计工作往往依赖于人工的审核和分析，耗时耗力且容易出问题。随着 AI 技术的日益成熟和普及，自动化审计正在逐渐成为审计领域的主流趋势。AI 技术具有强大的数据处理和分析能力，能够在短时间内处理大量的财务数据，快速发现异常和规律，提高审计的效率和准确性。通过引入自然语言处理、机器学习和数据挖掘等技术，自动化审计可以实现对财务数据的智能化处理和分析，发现隐藏在数据中的潜在问题和风险，为企业提供更全面和准确的审计意见和建议。

自动化审计的一个重要优势是能够实现对大规模数据的快速分析和处理。传统的审计工作需要耗费大量的时间和人力，而自动化审计则能够实现对海量数据的快速扫描和识别，大大提高了审计的效率和响应速度。通过引入AI技术，自动化审计可以实现对财务数据的自动收集、整理和分析，减少了人为错误和主观判断的可能性，提高了审计的准确性和可靠性。同时，自动化审计还可以实现对审计过程的全程监控和记录，为审计结果的可追溯性和可证明性提供了保障。

自动化审计的另一个重要优势是能够实现对多样化数据的综合分析和交叉验证。传统的审计工作往往只侧重于财务数据的审核和分析，而忽视了其他相关数据的重要性。在现代企业管理中，财务数据只是企业运营中需要考虑的一个方面，企业还需要综合考虑环境、社会、治理等多方面因素。自动化审计通过引入多维度数据的分析和交叉验证，能够全面了解企业的运营情况和风险状况，发现隐藏在数据中的潜在问题和机会。通过数据挖掘和模式识别技术，自动化审计可以发现财务数据背后的潜在规律和关联性，帮助企业及时发现并解决存在的问题，提高企业的经营效率和管理水平。

实践中，自动化审计已经在各个行业得到了广泛的应用。银行、证券、保险等金融机构利用自动化审计技术，实现了对客户资金流动、风险控制等方面的智能化监控和管理；制造业、零售业等实体企业利用自动化审计技术，实现了对供应链、库存管理等方面的自动化控制和优化。通过引入自动化审计，企业可以及时发现和解决潜在的财务风险和问题，提高了财务管理的效率和质量，为企业的持续发展提供了强有力的支持。

自动化审计利用AI技术进行自动化审计，提高了审计效率和准确性，通过数据挖掘和模式识别，还能够发现潜在的财务风险和问题。自动化审计已成为财务管理领域的重要技术和趋势，为企业提供了更可靠的财务管理支持。随着AI技术的不断发展和普及，相信自动化审计将发挥更加重要的作用，为企业的数字化转型和智能化管理提供更多的可能性和机会。

二、AI在财务分析中的应用

AI在财务分析中的应用日益广泛。AI技术可以通过大数据分析、模式识别等功能，加速财务数据的处理和分析，提高数据质量和准确性，帮助企业更好地了解财务状况和趋势。AI还可以通过预测建模、风险识别等功能，帮助企业进行风险管理和决策优化，提高财务决策的精确度和效率。AI还可以应用于自动化财务流程、预测性分析、智能投资等领域，为财务管理提供更多创新和价值。总体来说，AI 在财务分析中的应用有助于提高财务管理水平，促进企业的可持续发展和价值创造能力提升。

（一）预测分析和风险管理

1. 财务预测模型

财务预测模型是基于 AI 算法的一种先进技术，旨在帮助企业准确预测未来的财务状况，从而为企业制订更为精准的财务计划和做出更为合理的预算、优化资金运作和投资决策提供有力支持。随着 AI 技术的不断发展和应用，财务预测模型已经成为企业财务管理中的重要工具，为企业实现长期发展和可持续经营提供了强大的技术支持。

财务预测模型基于 AI 算法的应用使企业具备了更准确的财务预测能力。传统的财务预测方法往往依赖于历史数据和经验判断，存在预测精度不高、容易受主观因素影响等问题。而基于 AI 算法的财务预测模型则可以充分利用大数据和机器学习技术，对海量的财务数据进行分析和挖掘，发现数据之间的内在关联和规律，从而实现对未来财务状况的准确预测。神经网络算法、决策树算法等 AI 技术，可以对企业的财务数据进行深度学习和模式识别，建立财务预测模型，实现对企业未来销售额、利润水平、现金流量等关键指标的精准预测。这种基于 AI 算法的财务预测模型能够有效克服传统方法的局限性，提高预测精度和准确性，为企业管理者提供更为可靠的决策依据。

财务预测模型的应用有助于企业制订更准确的财务计划和做出更合理的预算。企业的财务计划和预算是企业发展和经营管理的重要组成部分，对于实现企业长期发展目标和战略规划具有重要意义。由于市场环境的不确定性和竞争压力的加剧，传统的财务计划和预算往往难以适应企业快速变化的经营需求。财务预测模型的应用可以通过对未来财务状况的精准预测，帮助企业管理者更准确地评估企业的财务状况和经营风险，合理制订财务目标和预算计划，优化资源配置和资金运作。企业可以利用财务预测模型对未来销售额、成本费用等进行预测，制定相应的销售目标和制订对应的成本控制计划，可以利用财务预测模型对未来现金流量进行预测，制订合理的资金周转计划和制定有效的资金管理策略。这些基于财务预测模型的财务计划和预算可以更好地适应市场变化和经营需求，提高企业的财务管理水平和经营效率。

财务预测模型的应用有助于企业优化资金运作和投资决策。资金是企业经营的生命线，资金运作和投资决策的合理性直接影响着企业的盈利能力和竞争优势。由于市场的不确定性和风险的存在，企业在资金运作和投资决策中往往面临着种种挑战和困难。财务预测模型的应用可以通过对未来财务状况的预测，帮助企业管理者更准确地评估资金需求和资金来源，合理安排资金运作和投资方向，降低资金成本和投资风险，提高资金利用效率和企业价值。企业可以利用财务预测模型对未来现金流量进行预测，合理安排资金的收支时间和金额，确保资金的充裕和流动性，可以利用财务预测模型对不同投资项目的收益率和风险进行评估，选择合适的投资组合和投资策略，实现资金的增值和保值。这些基于财务预测模型的资金运作和投资决策能够帮助企业管理者更加科学地管理资金，降低经营风险，提高经营效益和企业价值。

2. 风险识别和管理

风险识别和管理是企业管理中至关重要的环节，而利用 AI 技术进行风险识别和管理更是现代企业管理的前沿趋势之一。通过 AI 技术，企业可以更加准确地识别和评估潜在的财务风险，从而提前采取有效措施进行风险管理，减少可能面临的财务损失。

AI 技术在风险识别方面发挥着重要作用。利用机器学习算法和大数据分析技术，可以对海量数据进行快速处理和分析，识别潜在的财务风险因素。通过对历史财务数据、市场行情数据、企业经营数据等进行深度学习和模式识别，可以发现与财务风险相关的异常模式和趋势，从而及时发出预警信号。

AI 技术可以帮助企业建立风险管理模型。通过对识别的财务风险因素进行量化分析和建模，可以构建起科学有效的风险管理模型。这些模型可以基于概率统计、预测分析等方法，对各种财务风险进行量化评估和预测，为企业提供决策支持和风险管理方案。

另外，AI 技术还可以实现风险管理的自动化和智能化。通过将风险管理模型与企业管理系统相结合，实现财务风险的实时监测和预警。一旦发现异常情况或潜在风险，系统可以自动触发预设的报警机制，及时采取措施防范财务风险的发生。

AI 技术还可以应用于风险管理的优化和改进。通过对历史风险事件的分析和总结，可以不断优化风险管理模型和策略，提高财务风险管理的效率和准确性。同时，随着 AI 技术的不断发展和创新，还可以不断拓展风险管理的应用领域和深度，使其更加适应复杂多变的商业环境。

总之，利用 AI 技术进行风险识别和管理具有重要意义和广阔前景。通过数据分析和模型建立，可以更加全面地了解和评估企业面临的财务风险，有效降低财务损失的发生概率。随着 AI 技术的不断发展和应用，相信未来风险管理领域将会有更多创新和突破。

（二）智能投资建议

智能投资建议系统是当今金融科技领域的一项重要创新。它利用 AI 算法结合大数据和机器学习技术，为投资者提供智能化的投资建议。这种系统的出现，不仅可以为投资者提供更加准确、全面的信息分析，还可以帮助他们做出更明智的投资决策。通过对智能投资建议系统的深入研究和探讨，我们可以更好地了解其运作原理、优势和未来发展趋势。

智能投资建议系统基于 AI 算法，能够实现对海量金融数据包括市场行情数据、公司财务数据、宏观经济数据等多方面信息的快速分析和处理。系统可以通过数据挖掘和模式识别技术，发现隐藏在数据背后的规律和趋势。通过大数据技术，系统可以实时监测市场变化，对投资者的投资组合进行动态调整，提高投资效率和收益率。

智能投资建议系统结合了机器学习技术，能够不断优化和升级投资模型。系统可以通过机器学习算法，根据投资者的投资偏好、风险承受能力等，为其量身定制投资方案。而且，随着系统不断学习和经验积累，投资建议的准确性和适应性也会逐步提升。这种个性化的投资建议，能够更好地满足投资者的需求，降低投资风险，提高投资成功率。

此外，智能投资建议系统还可以通过智能化的风险管理和预警机制，帮助投资者规避潜在的风险和损失。系统可以对投资组合进行全面风险评估，识别和分析可能存在的风险因素，及时发出预警并提出调整建议。这种及时的风险管理能够帮助投资者确保资金安全，避免不必要的损失。

未来，随着 AI 技术的不断发展和普及，智能投资建议系统将会越来越智能化和个性化。系统将不断优化算法，提高数据分析和预测能力，为投资者提供更加准确、可靠的投资建议。同时，智能投资建议系统还将与区块链、云计算等新兴技术结合，打造更加安全、高效的投资环境。

智能投资建议系统的发展对于投资者和金融市场都具有重要意义。它可以帮助投资者更好地理解市场动态、优化投资组合，实现稳健增长，也可以提高金融机构的服务水平和竞争力，推动金融科技的进步和创新。随着智能投资建议系统的不断完善和普及，相信未来投资领域将迎来更加智能化、高效化的发展格局。

第二节　区块链技术对财务管理的影响

一、区块链技术对财务管理的具体影响

区块链技术对财务管理有着重大影响。它提供了分布式账本，实现了交易的透明和不可篡改性，增强了数据的安全性和可信度。区块链技术简化了跨境支付和资金结算，降低了交易成本和时间成本。区块链智能合约可以自动执行合同条款，减少了人为干预和纠纷的可能性。另外，区块链技术也有助于数字资产管理和证券发行，提升了资产流动性和市场透明度。区块链技术给财务管理带来了更高效、更安全和更可靠的解决方案，推动了财务管理的数字化转型。

（一）交易透明度和数据可追溯性

1. 交易透明度

智能投资建议系统及区块链技术在金融领域的透明度方面具有重要意义。智能投资建议系统利用AI算法结合大数据和机器学习技术，为投资者提供智能化的投资建议。这种系统基于对市场数据的深度分析和模式识别，能够辅助投资者做出更明智的投资决策。区块链技术作为一种去中心化的交易记录和透明的账本技术，为财务交易提供了更高的透明度。

智能投资建议系统的出现是金融科技领域的一大进步。通过利用AI算法，系统能够对大量的市场数据进行实时分析和预测，从而为投资者提供个性化的投

资建议。这些建议不仅基于历史数据和趋势分析，还结合了机器学习技术，能够适应市场的变化并提供实时的投资指导。投资者可以通过智能投资建议系统获取更多的市场信息和分析报告，从而做出更加明智的投资决策，降低投资风险，提高投资回报率。

区块链技术的出现则进一步增强了财务交易的透明度和可信度。区块链技术是一种去中心化的分布式账本技术，所有的交易记录都被保存在网络上的多个节点中，任何参与者都可以查看交易记录，而且这些记录是不可篡改的。这种特性使财务交易的过程更加透明和安全，减少了欺诈和不正当交易的可能性。投资者可以通过区块链技术追溯资金流向和交易历史，确保自己的投资安全和合法性。

智能投资建议系统和区块链技术的结合具有很大的潜力。智能投资建议系统可以利用区块链技术提供的透明度和安全性，更好地分析和评估投资项目的可行性和风险。同时，区块链技术可以应用于智能投资建议系统的交易记录和账本管理中，确保交易数据的完整性和真实性。这种结合可以为投资者提供更加全面和可信的投资建议，为金融市场的发展和投资者的利益保护提供更多保障。

智能投资建议系统和区块链技术在提升金融交易的透明度和可信度方面发挥着重要作用。通过结合 AI 算法和大数据分析技术，智能投资建议系统能够为投资者提供更加智能化和个性化的投资建议，降低投资风险，提高投资回报率。而区块链技术则为财务交易提供了去中心化的透明账本，增强了交易的可信度和安全性。这种技术的发展和应用将为金融行业带来更多创新和改变，为投资者和市场参与者创造更多价值和机会。

2. 数据可追溯性

数据可追溯性是指通过区块链技术实现的数据记录和追踪过程，使数据的来源、传输和存储可以被准确追溯和验证。区块链技术作为一种去中心化、不可篡改的分布式账本系统，为数据的可追溯性提供了有效的解决方案。在传统的数据管理中，数据的真实性和完整性往往难以保证，存在数据篡改、造假等问题，而区块链技术的应用可以有效地解决这些问题，提高数据交易的透明度和可信度。

区块链技术通过去中心化的数据存储和验证机制，保证了数据的不可篡改性。每一笔交易都经过加密处理，并记录在区块链网络中的每个节点上，任何人都可以查看这些交易记录，但无法修改或删除。这种基于密码学原理的安全机制，有效地防止了数据被篡改或伪造的可能性，确保了数据的真实性和完整性。

区块链技术还提供了高度的数据安全性。由于区块链数据存储在多个节点上，并采用分布式存储和共识机制，因此具有较高的抗攻击性和容错性。即使某个节点发生故障或受到攻击，整个系统依然能够正常运行，数据不会丢失或损坏。这种数据安全性的提升，为财务数据的管理和交易提供了更加可靠的保障。

另外，区块链技术还能够实现数据的实时追溯和审核。通过区块链上的交易记录，可以清晰地追踪每一笔交易的来源、时间、参与者等信息，实现交易过程的全程可追溯。这种实时追溯和审核的能力，可以帮助监管部门对财务活动进行监督和审计，减少违规行为和欺诈行为的发生，提高财务交易的透明度和合规性。

区块链技术的应用为数据的可追溯性提供了强大支持，通过保障数据的不可篡改性、提升数据的安全性以及实现数据的实时追溯和审核，有效地增强了财务活动的透明度和可信度。随着区块链技术的不断发展和应用，相信数据可追溯性将在各个领域得到更广泛的应用和推广。

（二）智能合约

智能合约是区块链技术的一项重要应用。它通过编程代码实现自动执行合约规定的财务交易和操作，为数字经济提供了全新的合约执行方式。这种合约形式不仅提高了交易的执行效率和准确性，还降低了人为干预和错误的风险，具有巨大的潜力和价值。

智能合约的出现使合约执行变得更加高效。传统的合同需要经过多方签署、审批、盖章等流程，而智能合约则通过编码规定了合同执行的条件和操作，无需人为介入，自动执行合同条款。这样一来，交易的执行速度大大提高，可以实现实时交易和即时结算，极大地节约了时间成本，提高了交易效率。

智能合约还提高了交易的准确性和可信度。由于智能合约的执行是基于区块链技术，具有不可篡改性和可追溯性，因此合约执行过程中的所有操作都会被记录在区块链上，任何一方都无法对数据进行篡改。这保证了合约执行的真实性和透明性，增强了交易的可信度，减少了合约执行过程中出现的纠纷和争议。

智能合约还降低了人为干预和错误的风险。在传统合同执行过程中，人为因素可能导致合同条款执行不到位或出现错误，而智能合约的执行是基于预先编码的规则和条件，不受人为主观意识的影响，减少了人为错误和干预的可能性，提高了合同执行的可靠性和稳定性。

智能合约也面临着一些挑战和限制。一是技术安全性方面的挑战。智能合约的编写和执行需要高水平的技术人才和严格的代码审查，一旦出现漏洞或错误可能导致合约执行异常或遭受攻击。二是法律和监管方面的限制。智能合约的法律地位和责任界定仍在探讨和完善中，监管部门也需要跟进和规范相关政策。

智能合约作为区块链技术的重要应用，在提高交易效率和准确性、降低风险和人为干预等方面具有显著的优势和潜力。随着区块链技术和智能合约的不断发展和完善，相信智能合约将在数字经济领域发挥越来越重要的作用，推动数字化时代的合同管理和执行方式迈向新的高度。

二、区块链技术在财务管理中的应用

区块链技术在财务管理中有多种应用。区块链技术可用于建立安全的数字账本，实现资产管理、支付结算等财务活动的透明、安全和快速处理。区块链技术可实现智能合约，自动化执行合同条款，减少纠纷和成本，提高合同履行效率。区块链技术还可用于供应链金融、票据结构化等领域，提升财务流程的可追溯性和可信度。总体来说，区块链技术在财务管理中的应用有助于降低成本、提高效率、增强安全性，推动财务管理的数字化转型。

（一）成本和效率优化

1. 去中介化

区块链技术的崛起标志着数字时代的全面到来，其去中介化特性使各个领域引发了巨大的变革。传统的交易方式常常依赖于中介机构，而区块链技术则通过去除中介，直接将交易参与者连接起来，从而实现了更加高效、透明和安全的交易。

区块链技术的去中介化带来了更低的交易成本。在传统交易过程中，中介机构需要收取一定的手续费以维持其运营成本和利润，而区块链技术的去中介化意味着可以直接将交易参与者连接在一起，减少了中间环节和相关费用。这不仅降低了交易的成本，也使更多的人可以参与交易活动，促进了经济的发展和资源的合理利用。

区块链技术提高了交易效率和速度。在传统交易中，由于涉及多个中介环节和复杂的审批流程，因此交易执行和结算往往需要较长的时间。而区块链技术通过去中介化，直接将交易参与者连接在一起，实现了点对点的直接交易，从而大大提高了交易效率和速度。无需等待中介机构的审批和介入，交易可以快速完成，加快了财务活动的执行和结算，为经济活动创造了更加便捷的环境。

区块链技术的去中介化也增强了交易的透明性和安全性。由于区块链技术采用分布式账本和加密算法，交易数据被公开记录在区块链上，并且无法篡改，因此交易过程更加透明可信。同时，区块链技术的去中心化特性意味着没有单一的中央机构掌控所有数据，降低了数据被篡改或者攻击的风险，提升了交易的安全性和可靠性。

尽管区块链技术带来了诸多优势和机遇，但也面临着一些挑战和问题。区块链技术的应用范围和普及程度还不广泛，部分行业对其接受度仍有限，需要进一步推动技术的普及和应用。区块链技术的性能和扩展性也面临一定的挑战，特别是在大规模交易场景下，需要不断优化技术和提升性能。

区块链技术的去中介化对于经济和社会发展具有重要意义。通过降低交易成本、提高交易效率、增强交易透明性和安全性，区块链技术为建立更加公平、高效和可信的交易环境奠定了基础，将对未来的经济和社会发展产生深远影响。因此，我们应该积极推动区块链技术的应用和发展，充分发挥其去中介化的优势，推动经济转型升级和社会治理创新。

2. 跨境支付

跨境支付是指在国际贸易和金融活动中进行的跨国货币交易过程，涉及不同国家和地区之间的支付结算。近年来，区块链技术的发展为跨境支付带来了革命性的变化，实现了跨境支付的快速、安全和低成本。区块链技术可以减少跨境支付的中间环节和手续费用，从而促进国际贸易和金融活动的发展。

区块链技术使跨境支付实现了快速支付。传统的跨境支付方式通常需要经过多个中间银行或机构进行结算和清算，导致支付过程烦琐、时间长。而区块链技术通过去中介化，实现了直接点对点的支付交易，无需经过中间环节，从而大大缩短了跨境支付的处理时间，使资金可以快速到达受益方手中，加速了国际交易的进行。

区块链技术实现了跨境支付的安全性。传统的跨境支付往往存在信息泄露、支付纠纷和交易不透明等问题，给资金安全带来了风险。而区块链技术基于分布式账本和加密算法，确保了支付信息的安全性和完整性，每一笔交易都经过多次验证和确认，不可篡改，有效防止了支付过程中的欺诈和风险，提升了跨境支付的安全性和可信度。

另外，区块链技术还降低了跨境支付的成本。传统的跨境支付往往需要支付高昂的手续费用和汇率转换费用，给交易双方带来了额外的负担。而区块链技术通过去除中间环节和降低交易成本，使跨境支付的费用大幅降低，提高了资金的使用效率，促进了国际贸易和金融活动的开展。

区块链技术在跨境支付领域的应用具有巨大的潜力和优势。通过实现快速支付、提升安全性和降低成本，区块链技术促进了国际贸易和金融活动的发展，推动了全球经济的融合与发展。未来，随着区块链技术的不断创新和完善，跨境支付将更加便捷、高效和可靠，为全球经济的发展注入新的动力和活力。

（二）资产管理

资产管理在当今经济环境中扮演着至关重要的角色，而区块链技术的出现为资产的数字化和管理提供了全新的支持。区块链技术的特性，如去中介化、不可篡改、可追溯等，为资产管理带来了诸多优势。在区块链技术的支持下，资产可以进行数字化，这意味着实物资产可以通过区块链网络转化为数字化资产，提高资产的流动性和可分割性。数字化的资产可以更加便捷地进行交易和转移，使资产管理更加灵活高效。

区块链技术增强了资产管理的透明度和可追溯性。由于区块链的去中介化特性，所有的交易和记录都被保存在分布式网络中，任何人都可以查看和验证这些记录，保证了资产管理过程的透明度。同时，区块链上的每一笔交易都是不可篡改的，一旦记录在区块链上，就无法被修改或删除，这样可以确保资产管理的真实性和可信度，提高了资产管理的可追溯性和安全性。

另外，区块链技术也降低了资产管理的风险。传统的资产管理往往面临着信息不对称、信任问题等挑战，而区块链技术通过智能合约等机制，实现了自动化的执行和监督，减少了人为因素的干扰和风险。智能合约可以根据预先设定的规则自动执行交易和操作，确保资产管理过程的可靠性和安全性，降低了管理风险。

区块链技术还为资产管理带来了更多创新性的应用。基于区块链的资产管理平台可以实现资产信息的全面管理和实时监控，为资产管理者提供更加精准的数据支持和决策依据。同时，区块链技术也可以应用于资产溯源和溯责，帮助企业实现全程可追溯的供应链管理，提高了资产管理的整体效率和可持续性。

区块链技术对于资产管理的影响是全方位的。它不仅提高了资产的流动性和可分割性，增强了透明度和可追溯性，降低了管理风险，还为资产管理带来了更多创新性的解决方案。随着区块链技术的不断发展和应用，相信资产管理领域将迎来更加广阔的发展空间，为实现资产价值最大化和管理效率最优化提供更加有力的支持。

第三节　大数据分析与财务决策支持

一、大数据分析在财务决策支持中的作用

大数据分析在财务决策支持中发挥着关键作用。通过收集、整理和分析大量的财务数据，可以帮助企业更全面地了解自身的财务状况，包括资产负债表、利润表、现金流量表等，为决策提供数据支持。大数据分析可以帮助企业进行财务风险评估和预测，识别潜在的风险因素并制定相应的风险管理策略。大数据分析还可以用于市场分析和竞争信息搜集，帮助企业把握市场趋势、竞争对手动态，制定更具竞争优势的财务战略。大数据分析为财务决策提供了更深入、更准确的数据支持，有助于企业做出更明智的财务决策。

（一）数据挖掘与预测分析

1. 数据挖掘技术

数据挖掘技术在现代财务管理中扮演着越来越重要的角色。大数据分析技术的出现为财务部门提供了一个强大的工具，可以帮助挖掘海量数据中的关键信息和规律，为财务决策提供重要的参考和支持。通过数据挖掘技术，财务部门可以

发现隐藏在数据背后的趋势和模式，从而更加准确地预测未来的发展趋势，优化财务策略，提高管理效率和决策水平。

数据挖掘技术可以帮助财务部门进行数据分析和挖掘，从而更加全面地了解企业的财务状况和运营情况。通过对海量数据的挖掘和分析，财务部门可以发现企业的盈利模式、成本结构、资金流动等关键信息，帮助管理者及时了解企业的经营状况，及时调整经营策略，提高企业的竞争力和盈利能力。

数据挖掘技术可以帮助财务部门发现数据中隐藏的趋势和规律，为财务决策提供更加科学的依据。数据挖掘技术，可以对历史数据进行分析和挖掘，找出数据中的关联性、规律性和趋势性，帮助财务部门预测未来的发展趋势，制订合理的财务预算和计划，提高决策的准确性和效率。

数据挖掘技术可以帮助财务部门进行风险管理和预测。通过对数据的挖掘和分析，可以发现企业的风险因素和潜在的风险事件，帮助财务部门及时识别和应对风险，降低企业的经营风险，保障企业的稳健经营。

数据挖掘技术还可以帮助财务部门进行客户管理和营销分析。通过对客户数据的挖掘和分析，可以发现客户的消费习惯、偏好和需求，帮助企业制定个性化的营销策略，提高客户满意度和忠诚度，促进企业的长期发展。

数据挖掘技术在现代财务管理中具有重要的意义和价值。它可以帮助财务部门更加深入地了解企业的财务状况和运营情况，发现数据中的关键信息和规律，为财务决策提供重要参考和支持，提高管理效率和决策水平，促进企业的稳健发展。随着数据挖掘技术的不断发展和应用，相信它将在财务管理领域发挥越来越重要的作用，为企业创造更加美好的未来。

2. 预测分析

预测分析在现代企业管理中扮演着至关重要的角色。通过大数据分析技术，企业可以建立起有效的预测模型，以预测未来的财务情况，并为企业的财务规划和决策提供重要的参考依据。预测模型的建立不仅可以帮助企业洞察市场趋势和经济环境的变化，还可以为企业提供更加准确的财务指标预测，帮助企业有效应对风险和挑战，实现可持续发展。

预测分析通过大数据分析技术，可以对历史数据进行深入挖掘和分析，发现其中的关键信息和规律。通过对海量数据进行整合和分析，预测模型可以揭示隐藏在数据背后的趋势和模式，识别对财务状况影响最大的因素，帮助企业了解市场变化、竞争格局及潜在风险。

预测模型可以对财务指标进行精准的预测和分析。通过时间序列分析、回归分析等方法，可以对企业的营业收入、成本结构、利润水平等财务指标进行预测，帮助企业了解未来经营状况，为财务规划和决策提供重要参考。预测模型还可以通过对市场需求、消费行为等数据的分析，预测产品销售情况和市场趋势，指导企业的产品开发和市场推广策略。

另外，预测分析还可以帮助企业识别风险和机会，及时采取有效的应对措施。通过对各种可能性和情景的模拟与分析，预测模型可以帮助企业评估不同决策方案的风险和收益，制定合理的风险管理策略，降低经营风险，提高企业的竞争力和抗风险能力。同时，预测分析可以帮助企业发现潜在的商机和发展机会，为企业的战略规划制定和发展方向确立提供有力支持。

预测分析是基于大数据分析技术的重要应用领域之一，对企业的财务管理和决策具有重要意义。通过建立有效的预测模型，企业可以更加准确地预测未来的财务情况，为企业的经营管理提供重要支持和指导，促进企业的可持续发展和提升企业的竞争优势。随着大数据技术的不断发展和应用，预测分析在企业管理中的作用将越来越重要，为企业创造更大的价值和取得更强大的竞争优势。

（二）风险识别与管理

风险识别与管理是企业经营管理中至关重要的环节，大数据分析在这方面发挥了重要作用。大数据分析通过对海量数据的处理和挖掘，有助于识别和评估财务风险，并提供有效的风险管理措施。这种方法能够及时发现潜在的财务风险因素，从而保障企业的财务决策安全性和稳健性，为企业的可持续发展提供重要支持。

大数据分析在风险识别方面具有独特优势。传统的风险识别方法主要依靠人工经验和统计分析，受限于数据量和维度，难以全面把握风险的全貌。而大数据分析则可以处理海量、多样化的数据，结合机器学习和数据挖掘技术，从中发现潜藏的风险信号和模式。通过对财务数据、市场数据、客户数据等多方面信息的分析，可以更加全面地了解企业面临的风险，为风险评估提供更为准确的依据。

大数据分析有助于评估风险的可能性和影响程度。在识别了潜在风险因素后，需要对其进行量化评估，确定其可能发生的概率和对企业的影响程度。大数据分析可以利用历史数据和采用模型预测方法，对不同风险事件进行模拟和预测，从而量化风险的预期损失和影响范围。这种量化评估有助于企业更加准确地判断风险的严重程度，为制定相应的风险管理策略提供科学依据。

此外，大数据分析还能够提供个性化的风险管理措施。传统的风险管理往往是基于整体性的风险策略和规则，难以针对不同情况做出灵活应对。

二、大数据分析在财务管理中的应用

大数据分析在财务管理中发挥着重要作用。通过大数据分析，企业可以更全面、准确地了解财务状况，实现财务数据的实时监控和分析，为决策提供准确的数据支持。大数据分析可以帮助企业进行风险管理和预测，识别潜在的财务风险，并及时采取措施进行应对，降低财务风险。大数据分析还可以用于客户行为分析、市场趋势预测等方面，为企业制定更具针对性的营销和销售策略，提升市场竞争力。大数据分析应用到财务管理中可以帮助企业提高决策效率、降低风险、优化业务流程，实现更加精准和可持续的财务管理。

（一）绩效评估与优化

1. 财务绩效评估

财务绩效评估在企业管理中扮演着至关重要的角色，大数据分析的运用则为财务绩效评估带来了全新的可能性与方法。大数据分析不仅可以对企业的财务绩效进行全面评估和分析，还可以帮助企业发现并解决潜在的问题，优化财务运营，从而提高整体绩效水平。

大数据分析应用于财务绩效评估，可以提供更为全面和准确的数据支持。传统的财务绩效评估往往局限于少量的财务指标和数据，无法全面反映企业的真实运营状况。而大数据分析，可以收集、整合并分析海量的数据，包括财务数据、市场数据、客户数据等多个方面的信息，从而更全面地评估企业的财务绩效，发现问题和机遇。

大数据分析可以帮助企业发现财务运营中的潜在问题和风险因素。通过对大数据的挖掘和分析，可以发现一些隐藏在数据背后的规律和趋势，识别财务运营中可能存在的问题，如资金流失、成本增加、盈利下降等，以便及时采取措施加以解决，避免财务风险的进一步扩大。

此外，大数据分析还可以为企业的财务绩效评估提供更加深入的洞察和分析。通过对数据的挖掘和模型的建立，可以对企业的财务状况、盈利能力、资金运作、成本管控等方面进行精准评估，并提供针对性的建议和改进方案，帮助企业优化财务运营，提高绩效水平。

大数据分析在财务绩效评估中也面临一些挑战和问题。一是数据质量和数据安全的问题。大数据分析需要大量的数据支持，但如果数据质量不高或者数据存在泄露风险，就会影响分析结果的准确性和可靠性。二是技术和人才方面的挑战。大数据分析需要专业的技术和人才支持，企业需要投入大量的资源进行数据处理和分析，这对一些中小型企业可能具有一定的难度。

大数据分析在财务绩效评估中具有重要的意义和价值，可以帮助企业更全面地评估自身的财务运营状况，发现问题和机遇，并提供优化建议，提高绩效水平，但也需要企业重视数据质量和安全性，加强技术和人才培养，才能更好地利用大数据分析进行财务绩效评估。

2. 成本管理与效率提高

成本管理与效率提高是企业管理中至关重要的方面，大数据分析在这一过程中扮演了极为关键的角色。大数据分析可以帮助企业识别和分析成本结构，优化成本管理策略，从而提高财务运营效率并降低企业运营成本。通过深入探讨这一主题，我们可以更好地理解大数据在成本管理和效率提升中的作用和价值。

大数据分析可以帮助企业全面了解成本结构。传统的成本管理往往只停留在表面层面，难以深入分析各项成本的来源和影响因素。而大数据分析可以处理大量的数据，通过对成本数据的挖掘和分析，帮助企业清晰地了解每个成本项目的构成和变化趋势，识别成本结构中的关键点和潜在问题，为优化成本管理提供有力支持。

大数据分析可以优化成本管理策略。通过对成本数据的深入分析，可以发现成本管理中存在的低效和浪费之处，以便及时采取针对性的措施进行优化和改进。通过数据分析发现某项成本的增长速度过快，企业可以及时调整成本控制策略，或者发现某个部门的成本占比过高，企业可以针对性地优化资源配置和管理方式。这些优化措施可以帮助企业更加有效地管理成本，提高成本管理的精准度和有效性。

大数据分析可以帮助企业提高财务运营效率。通过对财务数据的深入挖掘和分析，可以发现财务运营中存在的瓶颈和问题，以便及时进行优化和改进。通过数据分析发现财务流程中存在的重复操作或者延迟环节，企业可以通过引入自动化技术或者优化流程设计来提高运营效率，或者发现财务数据处理中存在的错误或者遗漏，企业可以通过建立数据监控机制和质量控制体系来提高数据准确性和可靠性。这些改进措施可以帮助企业更加高效地运营财务业务，提升财务运营的水平和效果。

大数据分析可以降低企业运营成本。通过对运营数据的深入分析，发现运营中存在的资源浪费和低效问题，以便及时采取措施进行优化和改进。通过数据分析发现生产过程中存在的低效率环节或者资源闲置现象，可以通过优化生产计划和资源配置来降低运营成本，或者通过数据分析发现市场营销中存在的低效推广渠道或者高昂的广告费用，可以通过调整营销策略和优化广告投放来降低市场营销成本。这些成本降低措施可以帮助企业降低运营成本，提升企业的竞争力和盈利能力。

大数据分析在成本管理和提高效率方面具有巨大的潜力和价值。通过深入分析成本结构、优化成本管理策略，以及提高财务运营效率和降低企业运营成本，可以帮助企业更好地管理资源、提高效率、降低成本，从而实现可持续发展和长期竞争优势。因此，大数据分析在企业管理中的应用将会越来越广泛，为企业的发展提供更多的支持和动力。

（二）决策支持系统

决策支持系统（DSS）在现代企业管理中扮演着至关重要的角色，财务数据分析和决策支持系统的建立更是为管理层提供了数据驱动的决策支持。随着信息技术的不断发展，企业对实时、准确的财务信息和分析报告的需求日益增加，这对于管理层做出更明智的财务决策至关重要。

财务数据分析和决策支持系统可以提供更加全面、准确的财务信息。通过系统化地收集、整理和分析企业的财务数据，可以为管理层提供实时的财务状况和经营绩效的全面评估。这种数据驱动的决策支持有助于管理层及时发现经营中的问题和机遇，并制定相应的应对措施和战略规划。

决策支持系统可以帮助管理层进行财务风险管理和预测。通过对历史数据的分析和建模，系统可以预测未来的财务趋势和风险，帮助管理层及时制定风险防范策略和财务规划，降低经营风险，提高企业的盈利能力和稳定性。

另外，决策支持系统还可以根据管理层的需求和偏好提供个性化的财务分析报告和建议。

第四节　云计算与财务信息系统创新

一、云计算与财务信息系统融合

云计算在财务信息系统中起了重要作用。云计算使财务信息系统可以基于云平台进行部署和运行，降低了硬件设备和维护成本，提高了系统的灵活性和可扩展性。云计算拥有强大的计算和存储能力，有利于处理大规模的财务数据，并支持实时数据分析和报告生成。云计算还提供了安全性高、可靠性强的数据存储和备份解决方案，保障了财务信息的安全和可用性。云计算为财务信息系统带来了更先进、更高效的创新解决方案，有助于企业提高财务管理的效率和水平。

（一）云计算技术在财务信息系统中的应用

1. 数据存储与管理

数据存储与管理在现代企业中扮演着至关重要的角色，而云计算技术为数据存储和管理提供了全新的解决方案。云计算不仅提供了高效的数据存储服务，还为企业财务部门带来了诸多便利。云计算可以帮助财务部门更好地管理海量数据。随着业务的扩张和数字化进程的推进，企业财务部门所面临的数据量在不断增加。传统的数据存储方式可能会面临存储容量不足、数据备份困难等问题，而云计算提供了弹性的存储空间，可以根据需求随时扩展，帮助财务部门有效管理海量数据。

利用云存储可以提高数据的安全性和可靠性。云服务提供商通常会采取严格的数据安全措施，包括数据加密、访问控制、备份与恢复等，保障数据的安全性。相比之下，传统的本地存储可能存在数据丢失、遭受攻击等风险，而云存储通过分布式架构和备份机制，提高了数据的可靠性，即使出现意外情况也能够及时恢复数据。

云计算还可以降低财务部门的运营成本。传统的数据存储需要企业购买昂贵的硬件设备、维护团队等，成本较高。而云计算则是基于按需付费的模式，可以根据实际使用情况灵活调整成本，减轻了固定成本的压力，使财务部门能够更加灵活地运作和规划预算。

另外，云计算还提供了更加灵活和便捷的数据访问和共享方式。通过云存储，财务部门可以实现跨地域、跨部门的数据共享和协作，提高了工作效率和信息流畅度。同时，云计算还支持实时数据访问和分析，可以帮助财务部门及时了解企业财务状况，做出更加精准和及时的决策。

云计算为财务部门提供了高效的数据存储和管理服务，带来了诸多便利。

2. 数据分析与处理

数据分析与处理是现代财务部门不可或缺的重要环节。云计算平台拥有先进的技术手段，为财务部门提供了更高效、更准确的数据分析和处理支持。通过利用云计算平台的数据分析工具，财务部门可以更好地管理和利用海量数据，实现数据驱动的决策和业务优化。

云计算平台提供了强大的数据存储和管理服务。传统的数据存储方式往往面临存储容量不足、备份困难等问题，而云计算平台可以轻松解决这些问题。云存储服务具有高可扩展性和弹性，可以根据实际需求灵活调整存储空间，避免了传统存储系统的瓶颈和限制。同时，云计算平台也提供了自动备份和灾备功能，保障了数据的安全性和可靠性，有效降低了数据管理的风险。

云计算平台可以实现大规模数据的快速分析和处理。财务部门面对的数据量通常庞大且复杂，传统的数据处理方式往往效率低，无法满足实时性要求。而云计算平台拥有强大的计算和处理能力，可以快速高效地处理海量数据，实现数据的实时分析和展示。财务部门可以利用云计算的数据分析工具进行财务数据挖掘、财务预测等工作，为管理层提供更准确、更及时的数据分析支持。

（二）成本节约与灵活性

在当今数字化时代，企业面临着日益增长的数据量和复杂的数据处理需求，这导致对于成本节约和灵活性的需求日益增加。而云计算作为一种新兴的技术模式，为企业带来了成本节约和灵活性双重好处。在云计算模式下，企业可以根据实际需求按需购买和使用计算资源，避免了大规模的资本投入。传统的计算资源采购模式需要企业提前购买大量的服务器和存储设备，而这些设备可能在某些时期处于闲置状态，造成了资源浪费和成本上升。而通过云计算，企业可以根据业务需要灵活地调整资源的使用量，实现资源的最优配置，从而达到成本节约的目的。

除了成本节约，云计算还带来了更高的灵活性。在传统的计算模式下，企业在面对业务增长或者业务波动时，往往需要进行硬件设备的升级或者扩容，这不仅需要大量的时间和人力成本，还可能导致资源浪费和不必要的投资。而在云计算模式下，企业可以根据业务需求随时扩展或缩减资源，无需担心硬件设备的更新和扩展问题，提高了财务信息系统的灵活性和效率。在企业财务信息系统中，可能会出现月末或年末需要处理大量数据的情况，而在其他时间可能数据量较少，这时通过云计算平台就可以根据实际需求弹性地调整计算资源，保证系统的稳定性和高效运行。

云计算还使数据拥有更高的安全性和可靠性。云服务提供商通常拥有更强大的安全技术和设施，可以提供更高级别的数据保护措施，如数据加密、备份和恢复等，这有助于保障企业财务信息系统的数据安全性。同时，云计算服务商通常会提供7×24小时的技术支持和监控服务，可以及时发现和处理潜在的问题，提高了系统的可靠性和稳定性。

云计算模式下的成本节约和灵活性是企业向数字化转型时所追求的重要目标之一。通过充分利用云计算平台，企业可以实现资源的最优配置，降低运营成本，提高灵活性和效率，还可以获得更高级别的数据安全和可靠性保障，为企业的可持续发展提供有力支持。

二、云计算对财务信息系统创新的重要意义

云计算与财务信息系统创新密切相关。云计算技术为财务信息系统提供了灵

活性和可扩展性，使企业可以根据需求动态调整资源，降低了 IT 基础设施的成本。云计算还加强了财务信息系统的安全性和稳定性，通过数据加密、备份和恢复等功能，保障了财务数据的安全性和完整性。云计算推动了财务信息系统的创新。例如，通过云端协作和共享，实现财务数据的实时共享和协同处理，提高了工作效率和质量。云计算为财务信息系统的创新提供了技术支持和平台，促进了财务管理的数字化转型和智能化发展。

（一）安全性与风险管理

1. 数据安全保障

数据安全保障在当今信息化时代尤为重要，特别是对于财务信息系统而言，数据的安全性至关重要。云计算作为一种先进的技术模式，不仅提供了高效的数据存储和处理服务，还在数据安全方面有着一系列专业的保障措施，为企业财务信息系统的安全提供了强有力的支持和保障。

云计算服务商针对数据安全问题提供了专业的保障措施。这些措施包括数据加密技术、访问控制、身份认证、网络安全监控等多层次的安全策略。通过对数据进行加密处理，可以有效防范数据在传输和存储过程中被非法获取或篡改的风险，访问控制和身份认证机制则可以确保只有经过授权的用户才能访问和操作数据，网络安全监控则可以实时监测网络流量和异常行为，及时发现和应对潜在的安全威胁。这些安全保障措施的综合运用，大大提升了财务信息系统的数据安全性。

云计算还提供了备份和恢复功能，进一步增强了财务信息系统的数据保护能力。通过定期对数据进行备份，并将备份数据存储在不同的地理位置或数据中心，可以避免因单点故障或自然灾害导致数据丢失的风险。同时，云计算的恢复功能可以快速将备份数据恢复到正常状态，保障数据的可用性和完整性。这种备份和恢复机制为财务信息系统提供了紧急情况下的数据恢复保障，有效应对各种数据丢失或损坏的风险。

云计算作为一种先进的技术模式，在数据安全保障方面具有明显优势。通过专业的安全保障措施和备份恢复功能，云计算为财务信息系统的数据安全提供了全方位的保障。但在使用云计算服务时，企业仍需加强对安全管理的重视，建立健全的数据安全管理制度和应急预案，不断提升数据安全意识和应对能力，确保财务信息系统的安全可靠运行。

2. 风险监控与预警

在当今数字化时代，风险管理对于企业的长期稳健发展至关重要。云计算平台为企业提供了强大的风险监控与预警机制，有效地帮助财务部门及时发现和处理风险问题，进而实现风险管理的优化与提升。

云计算平台提供了实时监控和预警功能，能够及时发现潜在的风险。通过监控关键业务数据和指标，财务部门可以实时了解企业运营情况，发现异常情况并进行及时干预和处理。利用云计算平台的数据分析工具，可以实时监测资金流动情况、收支变化趋势等，发现可能存在的财务风险，如资金链断裂、资金挪用等问题，从而及时采取措施避免风险扩大。

建立基于云计算的风险管理系统有助于提高对财务风险的识别和应对能力。云计算平台提供了丰富的数据存储和处理能力，可以将企业的财务数据、风险指标等信息集中管理，并利用数据分析、机器学习等技术进行风险评估和预测。通过建立预警机制和风险模型，可以对不同类型的风险进行分类、评估和管理，及时发出预警信号，帮助企业避免或降低损失。

云计算平台还可以为企业提供定制化的风险管理解决方案。根据企业的实际情况和需求，可以选择适合的风险管理工具和服务，如云端存储备份、数据加密、网络安全监控等，为企业打造更加安全可靠的财务信息系统，提高数据安全性和完整性。

风险管理与优化是财务部门在云计算时代面临的重要挑战与机遇。通过充分利用云计算平台提供的实时监控、预警功能以及建立基于云计算的风险管理系统，财务部门可以更加有效地识别、评估和应对各类风险，保障企业的财务安全和稳健发展。

（二）合规性与审计

合规性与审计在财务信息系统中具有重要的意义。云计算服务商通常会遵循严格的合规性要求，如 GDPR、HIPAA 等，这有助于财务信息系统达到法律法规的要求，保护用户数据的隐私和安全。利用云计算平台的审计功能也是非常关键的。它可以实现对财务信息系统的全面审计和监控，确保数据的完整性、可靠性和安全性，提升财务信息系统的合规性和稳健性。

云计算服务商通常会在硬件、软件和数据中心方面严格遵循行业标准和法规要求，确保财务信息系统的合规性。数据存储在云端时，服务商会采取加密措施，保护数据的隐私性，同时数据中心的物理安全和网络安全也会得到严格控制，防止未经授权的访问和攻击。这些措施有助于财务信息系统符合相关法律法规，保障数据安全。

云计算平台提供了强大的审计功能，可以实现对财务信息系统的实时监控、记录和分析。通过审计功能，管理人员可以随时查看系统的操作日志、数据访问记录等信息，发现异常行为或潜在风险，并及时采取措施加以处理。审计功能还可以对系统的操作进行追溯，帮助调查数据泄露、违规操作等事件的原因和责任人，从而提高系统的透明度和责任追溯性。

除了上述功能，云计算平台还提供了定制化的安全性设置和权限管理功能。管理人员可以根据实际需求设置不同用户的权限，限制其对系统的访问和操作范围，降低数据被滥用或泄露的风险。同时，云计算平台还可以实现数据备份和恢复，确保在系统发生故障或灾难时能够快速恢复数据，保障业务的持续运行。

合规性与审计是云计算在财务信息系统中的重要应用。通过云计算服务商的合规性保障和审计功能，可以有效提升财务信息系统的合规性、安全性和稳健性，为企业提供可靠的数据保护和管理方案。同时，管理人员也需要密切关注云计算平台的安全设置和权限管理，确保系统在合规性和安全性方面达到最佳状态。

第三章　可持续发展与财务管理实践

第一节　环境责任对财务管理的影响

一、环境责任对财务管理的具体影响

环境责任对财务管理产生了深远影响。环境责任意味着企业需承担环保成本，如污染治理、资源节约等，这会增加财务支出。环境责任逐渐被纳入企业社会责任评估，影响投资者和消费者对企业的信任度，从而影响财务绩效和市场地位。环境责任要求企业进行环境数据报告和披露，提高了信息透明度，对投资决策和风险管理产生影响。环境责任推动企业更加注重长远可持续发展，对财务管理提出更高要求，激励企业更加注重环境保护与经济效益的平衡。

（一）环保投资与成本管理

1. 环保投资

环保投资是企业履行环境责任的重要举措，包括进行环保设施建设、研发绿色技术等方面的投资。这些投资的实施不仅对企业自身的环境效益有积极影响，也是符合社会责任的表现。需要认识到，这些投资可能会增加企业的资本支出和运营成本，从而对财务管理提出一定挑战。环保投资不仅需要考虑长期的环境效益，还要在财务方面保持平衡和稳健。

环保投资可能会增加企业的资本支出。在建设环保设施方面，企业需要投入

大量资金用于设备购置、工程建设等。这些资金投入可能会对企业的资金流动性和资本结构造成一定影响，需要谨慎规划和管理。绿色技术研发也需要投入大量的研发费用和人力资源，需要考虑长期投资回报与短期资金压力之间的平衡。

环保投资可能会增加企业的运营成本。在环保设施运营和维护方面，企业需要投入人力、物力和财力进行日常管理和维护工作。绿色技术的应用也可能会增加生产成本。例如，绿色原材料的采购成本可能较高，需要在成本与效益之间进行权衡。企业需要在保障环保效益的同时，尽量控制运营成本的增加，确保企业的长期可持续发展。

环保投资也会对企业的财务管理带来一定挑战。企业需要制定全面的环保投资规划和做好合理的预算，合理分配资金用于环保设施建设、绿色技术研发等方面。同时，需要考虑环保投资可能带来的税收优惠、政府补贴等政策支持，充分利用各种财务工具降低投资成本。在财务管理中，还需要对环保投资的效益进行评估和监测，及时调整投资策略，确保投资能够取得预期的环保效益和经济效益。

环保投资对企业来说既是一种责任，也是一种挑战。企业需要在平衡环保效益和财务成本之间找到最佳点，合理规划和管理环保投资，实现环保效益和经济效益的双赢。同时，政府、行业协会等也应该提供更多的政策支持和指导，为企业的环保投资提供良好的环境。

2. 成本管理

成本管理在企业环保投资中扮演着重要角色。企业为了履行环境责任，必须进行环保设施建设、绿色技术研发等环保投资，这些投资可能会增加企业的资本支出和运营成本，对财务管理提出了挑战。在这种情况下，财务部门需要制定合理的成本管理策略，平衡环保投资与成本控制之间的关系。

成本管理需要从成本核算和成本控制两个方面入手。在成本核算方面，财务部门需要对环保投资的各项费用进行详细的核算和分析，包括设施建设费用、技术研发费用、运营维护费用等。通过对这些费用进行精确核算，可以了解投资的实际成本，为后续的成本控制和管理提供依据。同时，还需要对环保投资的预期效益进行评估和分析，确保投资能够取得合理的回报。

成本管理需要强调成本控制和效率提高。在环保投资中，企业应当注重资源的有效利用和成本的控制，避免投资过度、浪费资源等问题出现。可以通过优化生产流程、引入节能环保技术、加强废弃物处理等措施，降低环保投资的成本，并提高资源利用效率和环保效益。财务部门需要与生产、技术等部门密切合作，共同制定并执行成本控制方案，确保环保投资的合理性和效益性。

成本管理还需要考虑环保投资对企业整体经营的影响。环保投资可能会带来一定的资本支出和运营成本增加，因此财务部门需要评估这些成本对企业盈利能力和财务稳定性的影响，制定相应的财务规划和预算管理方案，确保企业财务健康和可持续发展。同时，还需要与其他部门协调配合，共同推动环保投资与企业经营战略的协同发展，实现经济效益和环保效益的双赢。

成本管理在环保投资中具有重要意义。财务部门需要制定合理的成本管理策略，实现对环保投资的有效控制和管理，平衡投资成本与环保效益之间的关系，推动企业环保责任的落实，实现经济效益和环保效益的有机结合。这不仅有助于企业实现可持续发展，也符合社会对企业环保责任的期待和要求。

（二）环保资金来源

企业在进行环保投资时，需要考虑资金来源问题。环保项目的资金来源可以有多种选择，包括内部资金、债务融资或外部投资等渠道。财务部门需要制定合理的资金规划策略，以确保环保投资资金的有效使用和回报。

内部资金是企业进行环保投资的主要来源之一。内部资金可以来自公司的盈利、资产处置、股权融资等途径。企业可以通过提高盈利水平、优化资产配置，或者进行内部资金调拨等方式来支持环保项目的资金需求。内部资金的使用相对灵活，不会增加企业的负债压力，但需要注意平衡资金的投入和其他经营活动之间的关系，避免影响企业的正常运营。

债务融资也是企业进行环保投资的重要来源之一。企业可以通过发行债券、贷款等方式来筹集资金用于环保项目。债务融资可以提供较大规模的资金支持，帮助企业快速实施环保项目，但也需要注意财务风险和偿债压力，避免债务负担过重影响企业的经营稳定性。

外部投资也是一种重要的环保资金来源。企业可以吸引外部投资者参与环保项目，共同承担投资风险和收益。外部投资可以通过股权投资、合资合作等方式实现，有助于分散资金来源和风险，提高项目的可持续性和成功率。外部投资也需要谨慎选择合作伙伴，并制定清晰的合作协议，以确保资金的合理使用和项目的共同目标。

财务部门在规划环保资金来源时，需要综合考虑企业的财务状况、投资需求、风险承受能力等因素。通过制订长期资金计划、优化资金结构、降低融资成本等方式，实现环保投资与成本管理的有效平衡。同时，还需要密切关注环保投资项目的回报情况，及时进行投资效益评估和调整，确保资金的有效利用和最大化回报。

二、环境责任对财务报告的影响

环境责任对财务报告产生多方面影响。环境责任涉及企业环保成本和投资，这些支出会直接反映在财务报告中，影响财务指标如利润、资产负债表等。环境责任也会影响企业声誉和品牌价值，从而影响股价和市值，在财务报告中也需要进行相关披露。环境责任对企业长期发展和风险管理具有重要意义，需要在财务报告中进行全面的风险披露和管理说明。总体来说，环境责任对财务报告的影响主要体现在财务数据的披露和解释上，反映企业对环境可持续发展的关注程度，也是投资者和利益相关者评估企业绩效和价值的重要依据之一。

（一）报告透明度与社会责任披露

社会责任披露在企业的可持续发展战略中扮演着重要角色。企业需要向利益相关者披露其环境责任履行情况和社会责任举措，包括环保项目的实施情况、参与的社会公益活动等内容。财务报告在这方面扮演了关键的角色，应当体现企业在社会责任履行方面的表现，以满足利益相关者对信息的需求。

社会责任披露有助于增强企业的社会形象和公信力。随着社会对环境保护和社会责任的关注度增加，企业需要积极履行社会责任，通过披露环境责任履行情况和社会公益活动等信息，展示企业的社会担当和责任意识，从而获得社会认可，增强公众对企业的信任和支持。

社会责任披露有助于加强企业与利益相关者的沟通和互动。利益相关者包括投资者、客户、员工、政府监管机构等各方，在企业决策和发展过程中起着重要作用。通过财务报告中体现的社会责任履行情况，企业可以与利益相关者建立更加良好的沟通机制，增进彼此的理解和信任，促进共赢发展。

财务报告在体现企业的社会责任履行情况方面具有重要意义。这不仅有助于提升企业的社会形象和公信力，加强企业与利益相关者的沟通与互动，还可以引导企业实现可持续发展目标，为企业的长期发展和社会的可持续进步做出积极贡献。因此，企业应当将社会责任披露纳入财务报告，实现社会责任与财务信息的有机结合，为社会贡献更多的价值和意义。

（二）环保会计与财务指标

环保会计与财务指标在企业可持续发展中扮演着至关重要的角色。建立完善的环保会计体系和设定相应的财务指标，可以有效评估企业的环境责任履行情况，反映企业的环保绩效和可持续发展情况。这不仅有助于企业实现环保目标，还能提升企业的社会形象和竞争力。

环保会计体系的建立是企业履行环境责任的重要保障。环保会计体系包括对环境成本、环境收益以及环境资产和负债等方面的记录和管理。通过环保会计体系，企业可以清晰地了解环境成本的构成和规模，从而更好地管理和控制环境成本，降低环境风险。同时，环境收益的记录和评估也能够促进企业开展环境友好型的经营活动，实现资源的有效利用和节约，推动可持续发展。

财务指标是衡量企业环保绩效和可持续发展的重要手段。财务指标可以直观地反映企业的环保投入、环保收益及环保效益等方面的情况。通过计算环保成本占比、环保投资回报率等指标，可以评估企业在环保方面的经济效益和社会效益。同时，财务指标还可以衡量企业在资源利用效率、排放减少、环境管理等方面的表现，为企业提供决策支持和管理指导。

在财务报告中包含环保会计信息和财务指标，不仅可以增加报告的全面性和透明度，还能够向投资者、政府监管部门和社会公众展示企业的环保责任履行情况。投资者和利益相关者可以通过财务报告了解企业在环保方面的表现，评估企业的可持续发展能力和价值。政府监管部门也可以通过财务报告监督企业的环保行为，促进环保政策的有效实施。而对社会公众来说，财务报告中的环保信息可以增加企业的透明度和信任度，促进企业与社会的良好互动。

环保会计体系的建立与财务指标的设定和反映在财务报告中对于企业的环保责任履行和可持续发展具有重要意义。通过建立完善的环保会计体系，设定科学合理的财务指标，并将环保会计信息和财务指标融入财务报告，可以有效评估企业的环保绩效，提升企业的环保意识和行动，促进企业实现可持续发展目标。

第二节　可持续发展理念与企业财务绩效

一、可持续发展理念对企业财务绩效的影响

可持续发展理念对企业财务绩效有着积极影响。通过实施可持续发展战略，企业可以降低资源消耗和成本，提高效率，从而改善财务绩效。可持续发展理念有助于企业树立良好的企业形象，增强品牌价值，吸引更多投资者和消费者，进而推动财务收入增长。注重 ESG 方面的责任可以降低法律风险和声誉风险，保护企业财务利益。可持续发展理念促使企业保持长期稳健的财务绩效，同时获得社会认可和持续增长的动力。

（一）长期利益与社会责任

长期利益导向是企业在经营管理中重要的指导原则之一。尤其是在可持续发展理念的引领下，企业更需要从长远角度思考利益，不仅关注短期经济利益，还注重长期价值创造。这种长期利益导向的经营理念不仅体现了企业的社会责任，也是企业实现长期发展和稳健财务表现的重要策略。

长期利益导向需要企业承担社会责任。社会责任包括关注环境保护、员工福利、社区发展等方面。企业通过积极采取环保措施，降低资源消耗和环境污染，不仅有助于保护自然环境，还可以提升企业的形象和声誉。同时，关注员工福利，提供良好的工作环境、培训机会和福利待遇，可以增强员工的归属感和忠诚度，提高生产效率和工作质量。积极参与社区发展，支持教育、公益事业等社区项目，有助于建立企业与社会之间的良好关系，为企业创造良好的外部环境。

长期利益导向也要求企业注重品牌价值和声誉管理。良好的社会形象和社会责任感有助于提升企业的声誉和品牌价值。通过积极履行社会责任，企业可以赢得消费者和投资者的信任和支持，增强品牌忠诚度和市场竞争力。消费者更倾向

于选择那些具有社会责任感和良好声誉的企业的产品或服务，投资者也更愿意投资于这些企业，这对企业的长期发展具有积极的影响。因此，良好的社会形象和社会责任感可以为企业赢得更多的商业机会和合作伙伴，提升企业的长期竞争力。

长期利益导向也与财务绩效密切相关。虽然短期经济利益是企业经营的一个重要方面，但长期价值创造才是企业可持续发展的关键。企业通过关注 ESG 等方面的责任，有了良好的社会形象和声誉，可以带来诸多实际的经济利益。减少环境成本和资源浪费可以降低企业的经营成本，关注员工福利和社区发展可以提高员工的生产效率和社区的发展水平，进而促进企业的业绩增长。积极履行社会责任还可以吸引更多的投资，包括社会投资和环保投资，为企业创造更多的收益增长机会。

长期利益导向是企业可持续发展和稳健财务表现的重要保障。通过承担社会责任、注重品牌价值和声誉管理，企业可以实现长期价值创造，提升企业的竞争力和可持续发展能力，实现经济效益和社会效益的双赢。因此，长期利益导向已成为企业经营管理中不可或缺的重要理念和战略选择。

（二）利益相关者关系

利益相关者关系对于企业的可持续发展具有重要意义。可持续发展理念倡导企业与各类利益相关者建立良好关系，包括客户、员工、供应商、投资者等。通过维护良好的利益相关者关系，企业可以降低经营风险、提升企业形象，从而对财务绩效产生积极影响。这种关系不仅有利于企业的稳定发展，还可以促进社会和谐与发展。

客户是企业发展的重要基础和动力来源。通过建立良好的客户关系，企业可以提高客户满意度和忠诚度，增加业务的稳定性和可持续性。良好的客户关系还可以帮助企业更好地了解市场需求和得到最真实的客户反馈，及时调整产品和服务，提升竞争力和市场份额。这些积极影响最终将体现在企业的销售额、市场份额和客户口碑等财务绩效指标上。

员工是企业发展的重要支撑力量。建立良好的员工关系可以提高员工的工作积极性和工作满意度，增强员工的归属感和忠诚度，从而降低员工流失率，提高员工的生产效率和工作质量。良好的员工关系还可以促进团队合作和创新，为企业带来更多的竞争优势和经营成果，对企业的财务绩效产生积极的影响。

供应商是企业供应链中不可或缺的一环。与供应商建立互利共赢的合作关系可以降低采购成本、提高供应链的稳定性和效率，确保企业生产经营的顺利进行。良好的供应商关系还可以帮助企业获取更好的采购条件和服务支持，提高企业的竞争力和盈利能力，对企业的财务绩效产生积极的影响。

投资者是企业发展的资金来源和决策者之一。与投资者建立透明、诚信的沟通与合作关系可以增加投资者对企业的信任和支持，提高企业的股价和市值，降低企业的融资成本。良好的投资者关系还可以吸引更多的投资者参与企业发展，为企业提供更多的资金支持和发展机会，对企业的财务绩效产生积极的影响。

维护良好的利益相关者关系对企业的可持续发展至关重要。通过与客户、员工、供应商和投资者等利益相关者建立良好关系，企业可以降低经营风险、提高企业形象，进而对财务绩效产生积极的影响。这种关系的建立不仅有利于企业的长期发展，还可以促进社会的和谐与发展。

二、可持续发展理念的绩效

可持续发展理念的绩效体现在经济、社会和环境方面的全面平衡。在经济层面，企业应追求长期利润增长，同时考虑社会责任，实现经济可持续性。在社会方面，企业需关注员工福利、公平就业和社区发展，促进社会公正与稳定。在环境层面，企业应减少碳排放、资源浪费，推动可再生能源和循环经济，实现生态可持续性。绩效评估可通过多维度指标如经济增长率来进行。

（一）创新和效率

创新驱动是可持续发展理念的核心之一。它鼓励企业在各个方面都进行创新，包括产品、服务和管理等领域。通过不断创新，企业可以增强自身的竞争力和提高自身的市场地位，更好地适应市场变化和满足客户需求，实现长期可持续发展的目标。而提升创新能力则成为企业持续改善财务绩效的关键要素，可以帮助企业开发新的盈利模式和增长点，实现财务绩效的持续提升。

创新驱动可持续发展理念的核心在于不断推动产品和服务的创新。通过研发新产品、改进现有产品，企业可以满足市场对于新功能、新技术、新设计的需求，提升产品的竞争力和市场占有率。引入环保材料、开发绿色产品、推出创新服务模式等，都是可持续发展理念下的创新实践，可以使企业在市场中脱颖而出，实现长期发展。

创新也包括管理方面如组织架构、流程优化、人才培养等方面的创新。通过引入新的管理理念和方法，建立高效的管理体系，企业可以提高工作效率、降低成本、提升员工满意度和忠诚度，从而增强企业的竞争力和生产力。实行灵活的工作制度、推行数字化转型、建立创新文化和激励机制等，都是创新驱动可持续发展的重要手段。

另外，创新还涉及市场战略和商业模式的创新。企业可以通过开拓新市场、寻找新客户群体、拓展新渠道、探索新的盈利模式等途径，不断拓展业务领域和增长点，实现收入和利润的持续增长。结合数字化技术开发新的营销模式、构建生态合作伙伴关系、实施定制化服务等，都可以为企业带来新的商业价值和竞争优势。

创新驱动可持续发展是企业持续发展的重要路径。通过不断创新，企业可以不断提升自身的竞争力和市场地位，实现财务绩效的持续改善和增长，为可持续发展目标作出积极贡献。因此，企业应该将创新视为战略的核心，不断投入资源和精力进行创新实践，推动企业不断前行。

（二）风险管理

风险管理是企业可持续发展中至关重要的一环。可持续发展理念强调对风险的全面管理，不仅包括环境方面的风险，还涉及社会、治理等方面的风险。有效的风险管理不仅可以帮助企业减少潜在损失和减轻法律责任，还能够维护企业的财务稳健性和持续增长，促进企业在竞争激烈的市场环境中取得长期发展。

风险管理需要从 ESG 等多个方面全面考虑。在环境方面，企业需要关注环境污染、资源消耗、气候变化等因素对业务的影响，制定相应的环境风险管理策略和应对措施，降低环境风险对企业的影响。在社会方面，企业应关注员工福利、社会责任、社会形象等方面，建立健全社会风险管理机制，维护企业与利益相关者的良好关系。在治理方面，企业需要加强公司治理、合规性管理，规范经营行为，防范潜在的法律风险和管理风险。

有效的风险管理有助于减少潜在损失和减轻法律责任。通过对各类风险的认识、评估和控制，企业可以及时发现和应对可能存在的风险，防止风险发生或扩大，减少潜在的经济损失和降低法律风险。通过制定环境管理体系、建立安全生产机制、加强法律合规性管理等措施，企业可以有效预防环境事故、安全事故等对其造成的损失和责任。

风险管理还可以维护企业的财务稳健性和持续增长。有效的风险管理可以帮助企业更好地控制成本、提高效率，避免风险导致的财务困境，确保企业的财务健康和稳健发展。同时，通过规范经营行为、提高管理效率，风险管理还可以为企业创造更多的商业机会和价值，推动企业实现持续增长。

风险管理是企业可持续发展的关键环节之一。企业应根据自身的经营特点和风险情况，制定全面的风险管理策略和体系，加强对各类风险的监控、评估和控制，确保企业在面对各种挑战和风险时能够做出及时、有效的应对，助力企业可持续发展。

第三节　社会责任投资与财务管理

一、社会责任投资对财务管理的影响

社会责任投资对财务管理有多方面影响。社会责任投资可提升企业声誉和品牌价值，有利于吸引投资者和消费者，从而增加企业市场份额和收入。实施社会责任投资可降低环境和社会风险，减少潜在的法律诉讼和罚款，节省成本。社会责任投资有助于提高员工忠诚度和生产效率，降低招聘和培训成本。社会责任投资也可能增加企业的运营成本和资本投入，暂时影响短期财务绩效。因此，企业在财务管理中需权衡利弊，寻求长期可持续发展的平衡。

（一）ESG 因素与财务绩效

1. ESG 因素的影响

ESG 因素的影响在当今商业环境中日益显著。它不仅成为投资者评估企业绩效的重要指标之一，也对财务管理产生了深远的影响。ESG 因素的影响是指企业在环境保护、社会责任和良好治理方面的表现和实践。财务管理需要全面考虑这

些因素，它们直接影响着企业的财务绩效和长期价值创造能力。

环境因素是 ESG 中的重要组成部分之一。企业在环境保护方面的表现不仅关乎自身形象和社会责任感，还与未来的经营环境和成本息息相关。采取节能减排措施、推行循环经济模式、降低碳排放等都是企业在环境方面的行动。这些环保举措不仅有助于改善生态环境，还可能带来节能减排成本的降低和新的商业机会。对环境的关注和积极行动可以提升企业的竞争力和可持续发展能力，对财务绩效具有积极的影响。

社会因素也对企业的财务绩效产生重要影响。社会责任包括对员工权益的保护、对社区关系的管理、对消费者权益的维护等方面。企业如果能够有效履行社会责任，提供良好的工作环境、薪酬福利、员工培训等，将会获得员工的认可和忠诚度，提高员工满意度和工作效率，从而降低人力资源管理成本，并为企业带来更高的生产力和创新力。积极履行社会责任还有助于建立良好的品牌形象，增强消费者对企业的信任度，提升市场份额和竞争优势。

公司治理因素对企业的财务绩效同样至关重要。良好的治理结构可以有效降低企业的经营风险，保护股东权益，提升公司的透明度和信誉度，吸引更多的投资者和扩大融资渠道。建立健全的内部控制制度、透明的财务报告制度、独立的董事会监督机制等都是良好治理的体现。这些措施有助于减少内部腐败和违规行为的发生，降低业务风险和潜在损失，为企业的长期发展提供稳定的基础。

ESG 因素对企业的财务绩效具有重要影响。企业需要在 ESG 方面不断改进和创新，提升 ESG 绩效水平，才能实现长期可持续发展和财务绩效的持续改善。财务管理者应该全面考虑 ESG 因素，将其纳入企业战略规划和决策过程，促进 ESG 与财务绩效的有机融合，实现经济效益和社会效益的双赢。

2. ESG 投资回报

ESG 因素对于企业和投资者已经成为一项重要的影响因素，ESG 对企业的财务绩效和长期发展具有深远影响。在当今投资环境中，越来越多的研究表明，关注 ESG 因素的投资能够提高投资回报率，这使 ESG 成为财务管理中不可忽视的一部分。财务管理需要充分考虑企业的环保、社会责任和治理情况，并利用 ESG 投资战略来优化财务绩效，从而实现可持续发展目标。

ESG 因素在投资回报中发挥着重要作用。研究表明，关注 ESG 的投资组合通常表现出更好的长期投资回报。这是因为，ESG 因素不仅考虑了企业的财务状况，还涉及企业对环境的影响、对社会的责任及公司治理的规范性。投资者越来越认识到，企业在这些方面的表现与其长期发展和价值创造密切相关，因此选择关注 ESG 因素的投资通常能够获得更好的回报。

ESG 投资战略有助于降低投资风险。考虑 ESG 因素可以提供更全面的信息和指标，投资者可以更好地评估企业的整体风险水平。关注环境因素可以帮助投资者了解企业对于气候变化和资源管理的适应能力，关注社会因素可以评估企业在员工关系、社区责任等方面的表现，而关注治理因素可以揭示企业内部管理结构和透明度等情况。这些信息有助于投资者更加全面地了解企业的风险和机遇，降低投资的不确定性。

另外，ESG 投资也有助于企业提升财务绩效。通过关注 ESG 因素，企业可以更好地管理环境风险、改善员工关系、提升公司治理水平，从而提高企业的竞争力和长期价值。实施环保措施可以降低能源成本和减少资源浪费，改善员工福利可以提升员工满意度和生产效率，加强公司治理可以提高决策效率和透明度。这些举措不仅有利于企业赢得投资者和消费者的信任，还可以为企业创造更为稳定和可持续的财务绩效。

关注 ESG 因素不仅有助于提高投资回报率，还可以降低投资风险，提升企业的财务绩效和竞争力。在财务管理中，将 ESG 因素纳入考虑范围，利用 ESG 投资战略来优化财务绩效已经成为越来越多企业和投资者的共识。随着 ESG 投资的普及和认可程度的提高，这一趋势将对未来的财务管理和投资决策产生更加积极的影响。

（二）风险管理与信任建设

风险管理和信任建设在企业可持续发展中起着至关重要的作用。对社会责任投资有所重视的企业更能有效地管理风险，避免由 ESG 问题导致的财务损失。通过建立良好的 ESG 声誉和形象，企业可以增强投资者和利益相关者的信任和支持，从而为企业的长期发展奠定坚实的基础。

风险管理在 ESG 问题上具有特殊的重要性。ESG 问题是企业面临的重要风险之一，涉及环境影响、社会责任、公司治理多个方面。企业如果能够有效地管理和应对 ESG 风险，就能够避免因此导致的财务损失和声誉损害。对环境污染进行有效管理和控制，履行社会责任义务，加强公司治理机制，都可以降低企业面临的 ESG 风险，提升企业的竞争力和可持续发展能力。

信任建设是企业可持续发展的关键。企业通过注重社会责任投资，积极履行社会责任，建立良好的 ESG 声誉和形象，可以增强投资者和利益相关者的信任和支持。投资者更愿意投资具有良好 ESG 声誉的企业，认为这些企业更具有长期发展潜力和价值。利益相关者也更愿意与这些企业合作，共同促进企业的可持续发展，形成良好的共赢局面。

另外，风险管理和信任建设之间存在密切的关联关系。通过有效的风险管理措施，企业可以降低面临的各种风险，包括 ESG 风险。这不仅有助于保护企业的财务利益和声誉，还能够增强投资者和利益相关者对企业的信任。

二、社会责任投资在财务管理中的实践

社会责任投资在财务管理中的实践体现在企业以 ESG 因素为考量，通过投资和运营决策来实现可持续发展目标。这种实践包括采用 ESG 标准来评估投资风险和回报、引入可持续发展指标来监测绩效、推动透明度和问责制，并与利益相关者进行沟通合作。在财务管理中，社会责任投资可促进长期价值创造，降低风险和成本，增强企业声誉和竞争力。通过整合 ESG 因素，企业能够更好地应对日益严峻的社会和环境挑战，实现可持续的财务业绩和社会效益的双赢。

（一）ESG 数据分析与报告

1. ESG 数据收集与分析

ESG 数据收集与分析是现代财务管理中的重要环节。随着可持续发展理念的普及和增强，企业越来越重视其在 ESG 方面的表现。因此，建立系统的 ESG 数据收集和分析机制对于评估企业的 ESG 绩效至关重要。通过数据分析，企业可以更好地了解自身在 ESG 方面的现状，发现存在的问题和改进空间，进而提高企业的 ESG 绩效水平。

ESG 数据收集是财务管理中的一项重要工作。企业需要收集各种与 ESG 相关的数据，包括但不限于环境影响数据、社会责任数据和公司治理数据等。这些数据来源广泛，既可以包括企业内部的数据收集，也可以涉及外部的调研和数据采集。例如，环境方面的数据可以包括能源消耗、废弃物处理、排放情况等，社

会方面的数据可以包括员工福利、社会责任项目、社区关系等，治理方面的数据可以包括董事会结构、股东权益、财务透明度等。通过全面收集这些数据，可以为后续的 ESG 绩效评估和分析提供有力支持。

对收集到的 ESG 数据进行分析是关键的一步。数据分析可以通过各种技术手段和工具进行，包括数据挖掘、统计分析、AI 等。通过数据分析，可以对企业在 ESG 方面的绩效进行量化评估和定性分析。例如，可以对环境数据进行趋势分析，评估企业的资源利用效率和环境影响程度；对社会数据进行比较分析，评估企业的员工满意度和社区关系；对治理数据进行评价，评估企业的决策透明度和风险管理水平。通过这些分析，企业可以深入了解自身在 ESG 方面的强项和改进空间，为制定有效的 ESG 管理策略提供依据。

通过 ESG 数据收集与分析，企业可以提升其 ESG 绩效水平。在分析的基础上，企业可以制定针对性的 ESG 改进措施和策略，以解决发现的问题和提高 ESG 绩效水平。例如，对于环境问题，可以采取推进能源节约、减少废弃物排放等措施；对于社会问题，可以采取加强员工培训、提升社区互动等措施；对于治理问题，可以采取完善公司治理结构、提升透明度和信息披露等措施。通过持续的 ESG 数据收集和分析，企业可以不断改进，提高 ESG 绩效水平，增强可持续发展的竞争力和影响力。

建立系统的 ESG 数据收集和分析机制是财务管理中的重要一环。通过这一机制，企业可以更好地评估和提升自身在 ESG 方面的绩效水平，为可持续发展和社会责任履行作出更大的贡献。

2. ESG 报告透明度

ESG 报告透明度是评估企业可持续性表现和社会责任履行的重要指标之一。高透明度的 ESG 报告能够向投资者和利益相关者展示企业在 ESG 方面的表现，并反映企业的管理水平和价值观。通过提高 ESG 报告的质量和可信度，企业可以增强投资者和利益相关者对企业的信任感，促进长期可持续发展。

高透明度的 ESG 报告能够为投资者提供全面的信息，帮助其更好地评估企业的风险和价值。投资者在进行投资决策时，不仅关注企业的财务表现，还注重企业在 ESG 方面的表现。通过公开透明的 ESG 报告，投资者可以了解企业在环境保护、社会责任、治理规范等方面的具体情况，从而更准确地评估企业的长期发展潜力和风险状况，做出更明智的投资决策。

高透明度的ESG报告有助于增强利益相关者对企业的信任感和认同感。利益相关者包括员工、客户、供应商、社会公众等各方面的利益相关者。这些利益相关者关心企业的经营管理方式、社会责任履行情况等方面的信息。通过公开透明的ESG报告，企业可以向利益相关者展示其良好的企业形象和价值观，增强与利益相关者的沟通和互动，建立良好的利益相关者关系，提升企业的社会声誉和形象。

高透明度的ESG报告还有助于提升ESG报告的质量和可信度。公开透明的ESG报告需要企业提供真实、客观、全面的信息，并接受第三方机构的审计和评估。通过这种机制，企业可以及时发现和解决ESG报告中存在的问题和不足，提升ESG报告的质量和可信度，增强投资者和利益相关者对ESG报告的信任感，建立稳健可靠的ESG报告体系。

高透明度的ESG报告有助于企业实现可持续发展目标。通过公开透明的ESG报告，企业可以更加全面地了解自身的ESG表现，并及时发现和解决存在的问题和挑战，制定更有效的ESG管理策略和措施，推动企业在ESG方面的不断改善和进步，实现可持续发展的长远目标。

高透明度的ESG报告对于企业和社会各界都具有重要意义。通过提高ESG报告的透明度、质量和可信度，企业可以增强投资者和利益相关者对企业的信任感，促进长期可持续发展，为社会经济的稳定和可持续发展做出积极贡献。因此，企业应当重视ESG报告的编制和公开，建立健全的ESG管理体系，不断提升ESG报告的透明度和影响力。

（二）ESG整合与战略规划

ESG因素在当今企业管理中具有越来越重要的地位。将ESG因素整合到企业战略规划中，不仅有助于形成符合ESG标准的财务管理策略，还可以通过ESG投资战略实现企业的长期可持续发展和财务成功。ESG整合与战略规划是企业在面对日益复杂的市场环境和利益相关者需求的挑战时所必需关注和实施的重要举措。

将ESG因素整合到企业战略规划中是顺应时代潮流的重要举措。随着社会对环境保护、社会责任和企业治理的关注不断增加，企业在战略规划中必须充分考虑这些因素。环境方面包括减少碳排放、资源节约和环境保护，社会方面包括员工福利、社区关系和公益活动，治理方面则包括透明度、合规性和反腐败等。通过将 ESG 因素融入战略规划，企业可以更好地满足利益相关者的期望，提升企业形象和价值。

ESG 整合与战略规划有助于形成符合 ESG 标准的财务管理策略。ESG 因素不仅是企业社会责任的体现，更是对企业长期发展和财务健康的重要影响因素。通过整合 ESG 因素到财务管理中，企业可以实现环境友好型的经营、社会责任的兑现及良好的公司治理，从而提升企业的竞争力和可持续发展能力。通过节约资源、降低能源消耗和优化供应链，可以降低成本，提高盈利能力；通过关注员工福利、加强社区关系，可以提升员工忠诚度和社会认可度；通过规范公司治理、加强透明度，可以降低经营风险，增强投资者信任。

ESG 投资战略是企业实现长期可持续发展和财务成功的重要手段。ESG 投资考虑了 ESG 因素对企业的影响，投资者越来越倾向于选择符合 ESG 标准的企业进行投资。因此，企业通过实施符合 ESG 标准的战略规划和财务管理策略，不仅可以吸引更多的 ESG 投资，还可以降低融资成本，提升市场认可度，实现长期可持续的经营和发展。

ESG 整合与战略规划是企业在当前时代发展的必然选择。通过将 ESG 因素整合到企业战略规划中，形成符合 ESG 标准的财务管理策略，并实施 ESG 投资战略，企业可以实现长期可持续发展和财务成功，赢得利益相关者的认可和支持。

第四节　碳排放交易与企业财务风险管理

一、碳排放交易对企业的影响

碳排放交易对企业有着深远影响。它激励企业减少碳排放，鼓励采用更清洁、更可持续的生产方式，从而推动低碳经济发展。碳排放交易增加了额外的成本，企业需要购买额外的排放配额或者投资于碳减排项目，增加了经营成本。同时，对于那些排放较少的企业，碳排放交易可以成为一种新的收入来源，通过出售多余的排放配额获利。碳排放交易还带来了市场机会和创新动力，促使企业开发低碳技术和产品，提升竞争力。对于某些高碳行业，碳排放交易可能会增加其国际竞争压力，需要寻求更具竞争力的发展策略。碳排放交易对企业既带来了挑战，也提供了发展机遇，需要企业积极应对和适应。

（一）碳排放交易市场的发展与机遇

市场机制是企业在经济运作中的关键组成部分之一，碳排放交易市场的发展为企业提供了新的经济契机。企业可以通过积极参与碳排放交易达到减排目标或使用清洁能源，从而提升企业形象和品牌价值，增强市场竞争力。这不仅有助于企业树立环保责任形象，还能获得消费者和投资者的青睐，推动可持续发展战略的实施。

积极参与碳排放交易有助于提升企业形象和品牌价值。在当今社会，环保问题已成为全球关注的焦点之一。企业如果能够积极履行环保责任，参与碳排放交易并实现减排目标，将会树立积极的环保形象，提升在消费者和投资者心目中的品牌价值。消费者和投资者更倾向于选择注重环保的企业，这是因为他们更加关注企业对环境的影响和对社会责任的履行情况。因此，通过参与碳排放交易，企业不仅可以在市场上树立良好的企业形象，还可以增强品牌的价值和竞争力。

参与碳排放交易有助于企业获得额外的收入。在碳排放交易市场上，企业可以出售剩余的碳排放额度，或者购买额度来弥补自身排放不足。这意味着企业可以通过碳排放交易获取额外的收入，这些收入可以用于企业的环保投资、技术升级、产品创新等方面，进一步提升企业的竞争力和市场地位。而且，通过减少碳排放并参与碳排放交易，企业还可以降低运营成本、提高效率，增强经济效益，实现可持续发展的战略目标。

另外，参与碳排放交易还有助于企业推动可持续发展战略的实施。碳排放交易作为可持续发展的一部分，是企业实现环保目标、遵循社会责任的重要途径之一。通过积极参与碳排放交易，企业不仅可以实现减排目标，还可以推动清洁能源的应用和绿色技术的发展。这有助于企业践行可持续发展理念，为未来可持续发展做出贡献，并为企业的长期发展奠定坚实基础。

参与碳排放交易对于企业来说是一种积极的行为。它不仅可以提升企业形象和品牌价值，增强市场竞争力，还可以为企业带来额外的收入来源，推动可持续发展战略的实施。因此，企业应当积极参与碳排放交易，结合自身实际情况，做出符合环保、经济和社会责任的决策，实现可持续发展的共赢局面。

（二）创新与技术升级

在当今全球环保意识日益提高的背景下，企业必须积极进行创新与技术升级，以符合碳排放交易的规定，并推动产业结构调整和绿色转型。这种创新与技术升级不仅可以帮助企业达到环保标准，还可以提高资源利用效率、减少污染排放，培育新的发展动能和竞争优势。因此，创新与技术升级已成为企业可持续发展的重要战略之一。

企业需要通过技术创新和设备升级来符合碳排放交易的规定。随着环保法规的不断加强，企业必须适应新的环保要求，包括减少碳排放、提高能源利用效率等方面。通过技术创新，企业可以开发出更加环保的生产工艺和技术，如使用清洁能源、改进废弃物处理方法等，来降低碳排放并达到碳排放交易的标准。同时，设备升级也是必要的，可以引入更高效、更环保的设备和技术，进一步减少资源浪费和环境污染。

技术创新和设备升级有助于推动产业结构调整和绿色转型。随着社会对环保和可持续发展的重视程度不断提高，市场需求也越来越倾向于绿色产品和服务。企业通过技术创新和设备升级，可以加速向绿色产业和绿色经济转型，满足市场需求，提高产品竞争力。这种产业结构调整不仅有助于企业适应市场变化，还有助于促进经济结构的优化和升级，推动整个产业链向更加环保和可持续的方向发展。

另外，技术创新和设备升级可以提高资源利用效率、减少污染排放。通过引入更先进的生产工艺和设备，企业可以实现资源的最大化利用，减少能源消耗和原材料浪费，从而降低生产成本。同时，新技术还可以减少污染排放，改善环境质量，提升企业的环境形象和社会责任感。这种环保举措不仅符合社会的期望，还有助于企业树立良好的企业形象，增强消费者和投资者的信任。

技术创新和设备升级有助于培育新的发展动能和竞争优势。通过持续创新，企业可以不断推出新产品、新服务，开拓新的市场空间，增加收入来源。同时，新技术和设备也可以提高企业的生产效率和产品质量，提升企业的竞争力。这种竞争优势不仅体现在市场上，还可以帮助企业在行业中处于领先地位，为企业未来的发展奠定坚实基础。

创新与技术升级是企业在经济全球化和环保要求下的必然选择。通过技术创新和设备升级，企业不仅可以符合碳排放交易的规定，还能推动产业结构调整和绿色转型，提高资源利用效率、减少污染排放，培育新的发展动能和竞争优势，实现可持续发展和经济效益的双赢。因此，企业应该高度重视技术创新和设备升级，将其作为可持续发展的战略重点，不断推动企业向更加环保和可持续的方向发展。

二、企业财务风险管理与碳排放交易

企业财务风险管理与碳排放交易密切相关。企业的碳排放不合规，会使企业增加额外成本和处于市场竞争劣势地位。因此，有效的财务风险管理涉及对碳排放的定量评估和管理。碳排放交易是一种常见的风险管理工具，通过购买和出售排放配额来调整企业的碳排放量。企业可以利用碳市场来规避碳排放成本上升的风险，也可以从碳市场中获取收益。碳市场的波动性和政策不确定性也带来了风险，企业需要制定灵活的交易策略和风险管理机制。综合考虑企业自身情况和市场动态，有效整合碳排放交易于财务风险管理体系中，有助于降低企业碳排放成本，提升竞争力，实现可持续发展目标。

（一）碳排放交易带来的财务风险

政策风险对企业的经营活动和发展具有重要影响，尤其在碳排放交易市场这样受政策调整和法规变化影响较大的领域，政策风险更是凸显。碳排放交易市场是一个涉及环境保护和气候变化应对的关键领域，政府和监管机构常常会根据环境政策和国际约定对碳排放市场进行调整和规范，这给企业经营带来了一定的不确定性和风险。

政策风险的高发性使企业需要密切关注政策动向。政府在环境保护方面的政策调整和法规变化会直接影响碳排放交易市场的运作和发展。政府可能会调整碳排放配额、排放标准、碳交易价格等方面的政策，甚至推出新的环保法规和措施。这些政策变化可能会对企业的生产经营、成本结构、市场竞争等方面产生深远影响，因此企业需要及时了解政策动向，做好政策应对和风险预警工作。

企业需要做好政策应对，及时调整经营策略和风险管理措施。面对政策风险，企业应当建立健全的政策应对机制，包括定期跟踪政策信息、评估政策影响、调整经营策略和风险管理措施等。企业可以通过加强与政府部门和监管机构的沟通和合作，积极参与政策制定和倡导，争取政策利好和支持。同时，企业还可以制订灵活的经营计划和制定较全面的应急预案，以应对不同政策情况下的经营变化和风险挑战，保障企业的稳定发展。

企业还应加强政策风险的预警和管理。在碳排放交易市场这样政策风险较高的领域，企业需要建立健全的政策风险管理体系。

（二）技术和能力风险

技术和能力风险在碳排放交易等领域具有重要意义。实施碳排放交易需要相关的技术和管理能力支持，包括数据分析、碳排放监测、交易平台建设等方面的技术能力，以及碳市场规则、政策法规等方面的管理能力。缺乏相关能力可能导致操作风险，影响企业的经营效率和市场竞争力。因此，企业需要加强人才培养和技术储备，提升内部管理水平和应对能力，从而降低技术和能力风险，实现碳排放交易等领域的可持续发展和成功运营。

技术和能力风险在碳排放交易中的重要性不可忽视。碳排放交易涉及复杂的数据分析、碳排放监测和交易平台建设等技术领域，需要企业具备相应的技术能力才能有效开展碳交易活动。同时，对碳市场规则、政策法规等方面的了解和应对能力也是至关重要的，需要企业具备良好的管理和执行能力。缺乏相关的技术和管理能力可能导致交易数据不准确、规则遵守不完善等问题出现，增加了操作风险和法律风险。

企业应加强人才培养和技术储备，提升内部管理水平和应对能力，从而降低技术和能力风险。在人才培养方面，企业可以通过招聘具备相关技术和管理能力的人才，或者通过内部培训和外部合作等方式提升员工的技能水平和专业知识，使其具备开展碳排放交易所需的技术和管理能力。在技术储备方面，企业可以投入资金和资源建设碳交易平台、数据分析系统等技术设施，确保技术设备的先进性和可靠性，提高交易操作的效率和准确性。

企业还应加强对碳市场规则、政策法规等方面的研究和了解，建立完善的内部管理制度和风险管理机制，确保企业在碳排放交易中遵守相关规定，规避潜在的法律风险。同时，企业可以加强与行业协会、专业机构等的合作，获取行业动态信息和专业指导，及时调整交易策略，提高应对市场变化和风险的能力。

技术和能力风险是碳排放交易等领域的重要挑战之一。企业应认识到技术和能力风险的重要性，加强人才培养和技术储备，提升内部管理水平和应对能力，降低技术和能力风险，实现碳排放交易等领域的可持续发展和成功运营。

第四章　全球化与国际财务管理挑战

第一节　全球化背景下的财务管理策略

一、全球化对财务管理的影响

全球化给财务管理带来了多方面影响。全球化增加了企业跨国经营的复杂性，使财务管理需要更多考虑跨国货币、税收政策和法律法规等因素。全球化加速了国家间的资本流动和市场竞争，使企业面临更大的金融风险和市场波动，需要采取有效的风险管理策略。全球化也带来了更多的商业机会和市场拓展空间，使企业可以通过跨境投资和合作实现收入增长和利润最大化。全球化也增加了企业在国家间的税收规划和合规风险，需要企业谨慎管理税务筹划和遵循相关法规。全球化使财务管理变得更加复杂和具有挑战性，企业需要灵活应对，寻求更具竞争力的发展策略。

（一）跨国经营与货币风险管理

1. 跨国财务管理

跨国财务管理在全球化背景下变得至关重要。随着企业经营跨国化程度的增加，财务部门需要具备协调不同国家财务活动的能力，统一财务流程和标准，以确保企业的财务稳健和可持续发展。跨国财务管理涉及多个方面的考虑和策略，包括货币风险管理、国际税务筹划、财务报告合规性等，是企业在全球竞争中保持竞争力的重要一环。

跨国财务管理需要有效管理货币风险。跨国企业面临着不同国家间货币汇率波动的挑战，这可能对企业的财务状况和利润率产生重大影响。因此，财务部门需要制定有效的货币风险管理策略，包括使用货币衍生工具进行对冲、选择合适的货币结构、建立货币风险管理团队等，以应对汇率波动带来的不确定性，保护企业财务稳健。

国际税务筹划是跨国财务管理中的重要环节。不同国家的税收政策和税率差异较大，企业需要合理规划税务筹划，以最大限度地减少税务成本、提高税务效率。财务部门需要了解各国税收法规，合理利用税收优惠政策和减免措施，同时避免税务风险导致的法律责任和经济损失。

另外，财务报告合规性也是跨国财务管理中不可忽视的一部分。不同国家对财务报告的要求和标准可能存在差异，企业需要确保财务报告的合规性和准确性，以满足各国监管机构和投资者的要求。财务部门需要加强内部财务管控，建立健全的财务报告体系和审计制度，及时发现并解决财务报告中的问题和风险，提升财务报告的透明度和可信度。

跨国财务管理还需要考虑跨国并购和合作的财务整合问题。随着企业跨国扩张和合作的增加，不同国家间的财务整合成为关键挑战。财务部门需要参与并购谈判和合作协议的制定，评估并购或合作对财务状况的影响，制订财务整合计划，确保财务流程的顺畅和效率，实现合并后的财务协同。

总体来说，跨国财务管理是企业全球化经营中不可或缺的重要环节。财务部门需要具备跨国业务管理的技能和知识，协调不同国家间的财务活动，统一财务流程和标准，降低跨国经营带来的风险，增强企业在全球市场中的竞争优势和可持续发展能力。

2. 货币风险管理

国际化投资是企业在全球化背景下的重要战略之一，但伴随着汇率风险的挑战。全球化的发展使企业面临来自不同国家和地区的货币风险，这种风险可能对企业的财务状况和经营成果产生重大影响。为了有效管理汇率风险，财务部门需要制定合理的汇率风险管理策略，如货币套期保值等措施，以确保投资回报和风险控制。在国际化投资过程中，汇率风险管理是至关重要的一环。

了解汇率风险的本质对企业进行有效管理至关重要。汇率风险是指由于汇率波动而带来的资金流动性和财务状况上的不确定性。企业在进行跨国投资或跨境贸易时，常常会涉及不同货币之间的兑换，而货币汇率的波动可能会使企业在本币价值上产生损失或收益。因此，财务部门需要深入了解汇率风险的机制和影响因素，分析汇率波动的可能性和趋势，为制定有效的汇率风险管理策略提供依据。

货币套期保值是汇率风险管理的一种常用手段。货币套期保值是指企业通过金融工具如远期合约、期货合约、货币掉期等方式，锁定未来某个时点的汇率，以避免汇率波动造成的损失。财务部门可以根据企业的国际化投资计划和资金流动情况，制定合适的套期保值方案，选择合适的套期保值工具，降低汇率风险对企业财务的冲击。同时，财务部门还需不断监测和调整套期保值策略，以适应市场变化和汇率波动。

多元化投资和资金分散也是汇率风险管理的重要策略之一。企业可以通过分散投资和资金配置，减少对单一货币或地区的依赖，降低受汇率波动的影响程度。可以在不同国家和地区开展业务、投资多种货币资产等方式，实现资金的多元化配置，增强抵御汇率风险的能力。积极利用外汇储备、外汇掉期等金融工具也可以有效管理汇率风险。

财务部门需要建立健全的监控和报告机制，及时跟踪和评估汇率风险的变化和影响。通过定期的风险评估和汇率风险报告，财务部门可以及时发现问题和风险，调整风险管理策略，提高汇率风险管理的有效性和灵活性。

财务部门在国际化投资过程中需要重视汇率风险管理。通过了解汇率风险的本质、采取货币套期保值等措施、多元化投资和资金分散、建立监控和报告机制等方式，可以有效管理汇率风险，确保投资回报和风险控制，推动企业在全球化背景下的可持续发展和成功。

（二）外汇管理

外汇管理是跨国企业在经营过程中不可或缺的重要环节。随着全球化程度的不断加深，企业必须处理多种货币资金，进行外汇管理和资金流动控制，以确保企业的资金安全和流动性。财务部门在这一过程中扮演着关键角色，需要掌握一系列外汇管理技巧，以应对复杂多变的外汇市场和风险，为企业的稳健运营提供有力支持。

外汇管理涉及多种货币资金的管理和运用。随着企业业务范围的扩大和国际化程度的提高，企业在不同国家和地区可能都有资金投入和收益，这就需要企业进行多种货币资金的管理。财务部门需要了解各国货币政策、汇率变动情况及外汇市场的发展趋势，制定合理的外汇管理策略，保证不同货币资金的安全性和流动性。

外汇管理需要进行有效的资金流动控制。跨国企业在资金运作过程中需要考虑不同国家和地区的资金流动问题。如何在资金流动中降低成本、减少风险，是财务部门需要解决的关键问题之一。财务部门可以采取多种手段，如合理利用跨境支付工具、优化资金结构、降低汇兑成本等，实现资金的高效流动和管理。

同时，外汇管理也需要重视外汇风险管理。外汇市场的波动性较大，汇率变动可能对企业的经营业绩和财务状况产生重大影响。财务部门需要制定有效的外汇风险管理策略，如使用外汇衍生品进行套期保值、建立外汇储备等，以降低外汇风险对企业的影响。同时，通过定期的外汇风险评估和监控，及时调整外汇管理策略，保护企业资金安全。

外汇管理还需要关注外部环境的变化和风险。全球经济形势不断变化，政治、经济和自然因素都可能对外汇市场产生影响，导致汇率波动或者资金流动受阻。财务部门需要密切关注国际形势的变化，及时调整外汇管理策略，应对外部环境的挑战，保障企业的资金流动和稳健经营。

外汇管理是跨国企业运营中不可或缺的重要环节。财务部门需要具备丰富的外汇管理技巧和经验，有效管理多种货币资金，实现资金流动控制，降低外汇风险，保障企业资金的安全和流动性。只有做好外汇管理工作，企业才能在全球化竞争中立于不败之地，实现稳健可持续发展。

二、全球化对财务战略的影响

全球化对财务战略产生了深远影响。企业面临来自全球市场的更大竞争压力和更广泛的商业机会。因此，财务战略需要更加灵活和适应性强，以应对全球化带来的挑战和机遇。全球化加速了跨国投资和贸易，企业需要制定跨境资金管理策略，管理汇率风险和国际税收合规性。跨国经营也意味着企业需要考虑不同国家的财务监管要求和会计准则，以确保财务报告的准确性和透明度。同时，全球化也促使企业在投资决策中考虑更多的地缘政治和经济因素，以及全球供应链的可持续性和稳定性。因此，全球化对财务战略的影响要求企业在制定战略时更加综合考虑全球市场的动态，灵活应对复杂多变的国际环境，以实现长期的可持续发展。

（一）国际化投资和融资

1. 国际化投资

国际化投资是在全球化背景下企业所面临的重要战略决策之一。随着全球经济的互联互通和市场的开放，企业在国际化投资方面面临着更多的机遇和挑战。在进行国际化投资决策时，企业需要进行资本预算和投资项目评估，以确保投资决策的科学性和合理性。财务部门在这一过程中扮演着重要的角色，需要积极参与国际化投资策略的制定和实施，以保障投资回报和风险控制。

财务部门在国际化投资中需要参与资本预算和投资项目评估工作。资本预算是指企业对投资项目进行资金分配和预算安排，涉及投资项目的收益评估、成本估计、资金筹集等方面。在国际化投资中，财务部门需要对各项投资项目进行财务分析，评估项目的盈利能力、风险程度、资本投入等，为决策者提供科学的决策依据。通过对投资项目的评估和比较，财务部门可以帮助企业选择最具潜力和可持续发展的国际化投资项目。

财务部门需要参与国际化投资策略的制定和实施。国际化投资策略是企业在国际市场上的发展方向和战略规划，涉及投资目标的选择、投资规模的确定、投资方式的选择等方面。财务部门可以通过对国际市场的调研分析和财务风险评估，为企业制定合适的国际化投资策略提供支持和建议。在实施阶段，财务部门需要监控投资项目的执行情况，及时评估项目进展和成果，确保投资目标的实现和投资回报的最大化。

财务部门还需要积极参与国际化投资项目的融资安排和资金管理。国际化投资通常需要大量资金支持，包括资本开支、运营资金、外汇风险管理等方面。财务部门需要与投资银行、金融机构合作，制订融资计划和制定融资方案，确保投资项目的资金需求得到满足。同时，财务部门还需要进行资金管理和监控，及时发现和解决资金运作中的问题和风险，保障国际化投资项目的顺利实施和运营。

财务部门在国际化投资中扮演着至关重要的角色。通过参与资本预算和投资项目评估、制定国际化投资策略、融资安排和资金管理等方面的工作，财务部门可以为企业的国际化投资决策提供全面的支持和保障，确保投资回报和风险控制，促进企业在全球市场上的稳健发展和竞争优势。因此，财务部门应当加强团队建设和专业能力提升，不断提升自身的国际化投资管理水平和能力。

2. 国际融资

国际融资在企业全球化发展中扮演着重要的角色，包括跨境贷款、债券发行等方式，是企业获取资金的重要途径。财务部门在这个过程中需要做出明智的选择，既要选择合适的融资方式，又要有效管理国际融资的风险，以确保资金来源的稳定性和可持续性。

选择合适的国际融资方式至关重要。不同的国际融资方式有着各自的特点和适用范围。例如，跨境贷款通常是企业获取短期或中期资金的一种方式，具有灵活性高、流程简单等优点，而债券发行则是企业获取长期资金的方式，可以通过公开发行或私人发行来满足资金需求。财务部门需要根据企业的资金需求、融资用途、市场环境等，选择适合企业发展的国际融资方式，并在融资合同中明确各项条款和条件，确保融资过程顺利进行。

管理国际融资的风险是财务部门的重要任务之一。国际融资涉及跨国金融市场，受到汇率波动、利率变化、政治风险、信用风险等多种因素的影响，因此财务部门需要制定有效的风险管理策略和措施。这包括建立健全的风险评估体系，对融资对象进行全面的风险分析和评估，选择具有良好信用记录和稳定经营状况的融资方。同时，财务部门还应采取适当的对冲工具和保险措施，降低汇率和利率波动带来的不利影响，确保资金来源的稳定和安全。

另外，财务部门需要关注国际融资的成本和效益。不同的国际融资方式会带来不同的融资成本和费用，财务部门需要对这些成本进行充分评估和比较，选择成本效益最佳的融资方式。同时，在融资决策过程中，财务部门还需要考虑融资的期限、还款方式、利率水平等因素，确保融资方案符合企业的资金需求和经营特点，最大限度地提升融资效益和企业价值。

财务部门需要与相关部门密切合作，确保国际融资的顺利进行。国际融资涉及法律、税务、审计等多个方面，需要财务、法务、税务等部门共同协作，确保融资过程合规、顺利。财务部门还需要与外部金融机构、投资者等建立良好的合作关系，积极开展沟通和合作，为企业获取更多融资渠道和资源。

财务部门在管理国际融资过程中扮演着重要角色，需要选择合适的融资方式，管理融资风险，确保资金来源的稳定性和可持续性。通过有效的融资管理和风险控制，财务部门可以为企业的国际化发展提供稳定的资金支持，推动企业实现可持续发展目标。

（二）国际财务合规与国际标准

国际财务合规与国际标准在全球化背景下变得尤为重要。企业必须遵守各国财务法规和国际会计标准，进行财务合规管理，以确保财务信息的真实性和透明度。财务部门在这一过程中扮演着关键角色，需要加强国际财务报告和审计，从而确保企业在全球范围内的财务合规性和可信度。

财务合规是企业稳健发展的基础。在全球化的经济环境下，企业的业务往往跨越多个国家和地区，受各国不同财务法规和会计准则的影响。因此，企业必须了解并遵守这些法规和准则，以确保其财务活动合法合规。一些国家对于财务报告的内容、格式、披露要求等有着具体规定，企业必须按照这些规定进行财务报告，否则可能面临罚款、诉讼等风险。

国际标准在财务合规中发挥着重要作用。《国际会计准则》（IAS）作为全球范围内的会计准则，已经成为许多国家和地区的财务报告标准。企业应当按照IAS 的要求做财务报告，以确保报告的一致性、可比性和透明度。同时，国际标准还包括其他领域的准则，如《国际财务报告准则》（IFRS），企业也需要遵守这些准则，保证财务活动的合规性。

财务部门在财务合规中扮演着重要角色。它们需要加强对 IFRS 的理解和应用，确保财务报告的准确性和可信度。财务报告的真实性和透明度对于投资者、监管机构、利益相关者等各方都至关重要，因此财务部门必须确保报告中的信息真实、准确、全面、及时，避免任何不合规的行为或信息披露错误。

财务部门还需要加强国际审计标准的应用和执行。审计是保证财务信息真实性和透明度的关键环节，财务部门应当积极配合审计工作，确保审计的独立性、客观性和公正性。同时，财务部门还应加强对内部控制的管理和监督，防范财务风险和违规行为的发生。

财务合规与国际标准的遵守对企业发展至关重要。财务部门应当加强对国际财务报告和审计标准的理解和应用，保证财务信息的真实性和透明度，为企业的全球化经营提供有力支持。同时，企业也应注重人才培养和技术储备，提升内部管理水平和应对能力，降低技术和能力风险，确保财务的合规性和可信度。

第二节　跨国企业的财务管理挑战

一、跨国企业面临的风险挑战

跨国企业面临诸多财务管理挑战。跨国企业需要应对不同国家的货币风险和汇率波动，以及复杂的跨国税收政策，确保资金流动性和合规性。跨国企业必须深知跨国财务报告和会计标准的差异，确保透明度和财务数据的一致性，以便有效决策和投资。跨国企业还面临着文化差异、法律法规不确定性和政治风险等非财务因素的挑战，需要建立弹性的经营模式和风险管理机制。同时，跨国企业在全球范围内运营，需要统一管理和监督各个子公司的财务活动，确保全球业务的协调和一致性。跨国企业的财务管理挑战是多方面的，需要企业在全球化背景下不断优化管理策略和提升应对能力。

（一）货币波动风险

货币波动风险是跨国企业面临的重要挑战之一，尤其是在全球经济环境不稳定的情况下，货币汇率波动可能对企业的资产负债表产生较大影响。这种波动对财务报表和利润的影响往往较为显著，不仅增加了企业的财务风险，还提高了管理成本，因此跨国企业需要制定有效的货币风险管理策略来降低这种风险。

货币波动风险可能导致资产在负债表上波动。跨国企业在多个国家开展业务，可能涉及不同货币的交易，如进口、出口、投资等。当货币汇率发生波动时，企业在财务报表中所记录的资产和负债的价值也会随之波动，进而影响资产负债表的总体结构和资产表内各个项目的比例。这种波动可能对企业的资金流动性、资产负债比率等方面产生影响，影响企业的财务稳定性和风险承受能力。

货币波动对财务报表和利润的影响较大。企业在编制财务报表时，需要将不同货币的交易转换为报告货币，而货币汇率的波动可能导致资产、负债、收入和支出的转换金额发生变化。这种变化会直接反映在企业的财务报表中，如资产价值的变动、负债的增减、利润的波动等。特别是对于跨国企业而言，如果经营国家的货币与报告货币存在较大差异，货币波动风险对企业财务报表的影响会更为显著。

货币波动风险还增加了企业的财务风险和管理成本。财务风险主要包括汇率风险、流动性风险等，这些风险可能导致企业财务状况的不稳定和资金管理的困难。同时，企业为了应对货币波动风险，需要采取一系列的对冲措施，如使用货币衍生工具进行对冲、选择稳定的货币结构、建立货币风险管理团队等。这些措施可能增加企业的管理成本和操作复杂度，对财务管理提出了更高的要求。

因此，跨国企业需要制定有效的货币风险管理策略，包括加强对汇率波动的监控和分析、制定合理的汇率对冲策略、选择稳定的经营货币、加强内部财务管控等，以降低货币波动风险带来的负面影响。通过这些措施，企业可以有效降低货币波动风险对企业财务稳健性和利润的影响，提升企业的竞争力和可持续发展能力。

（二）外汇管制和政治风险

外汇管制和政治风险是跨国企业在全球经营中常常面临的挑战之一。这些挑战可能影响企业的资金流动性和经营活动。在经济全球化的背景下，企业需要密切关注各国政策和法规的变化，及时调整财务策略和风险管理措施，以应对外汇管制和政治风险带来的不确定性。

外汇管制是指各国政府对外汇资金的管理和限制。不同国家有不同的外汇管制政策，包括对外汇兑换的管制、外汇资金的转移限制等。跨国企业需要了解并遵守各国的外汇管制规定，以确保资金的合法流动和使用。财务部门需要与相关政府部门和金融机构保持密切联系，及时获取最新的外汇管制信息，避免因为外汇管制而影响企业的资金流动和经营活动。

政治风险是指政治因素导致的经济和商业环境变化，可能对企业的经营活动和利润产生影响。政治风险包括政策变化、政治动荡、战争冲突等风险，这些因素可能导致企业所在国家的经济不稳定、法规变化、市场萎缩等情况的出现。跨国企业需要密切关注各国政治局势的变化，及时评估可能带来的风险，并制定应对措施，保障企业的正常运营和发展。

针对外汇管制和政治风险，财务部门需要采取一系列措施来应对：

第一，多元化资金来源。跨国企业可以通过多元化的资金来源，如海外银行账户、多币种账户等，来降低对单一资金来源的依赖，减少外汇管制可能带来的影响。

第二，合规遵循。财务部门需要严格遵守各国的外汇管制法规和政策要求，进行合法合规的资金运作和管理，避免因违规操作而引发的风险和产生的问题。

第三，风险评估和监控。财务部门应建立完善的风险评估和监控机制，定期对外汇管制和政治风险进行评估，及时发现潜在的风险因素，并采取相应措施加以应对。

第四，多元化投资布局。跨国企业可以通过多元化投资布局，分散风险，降低对单一市场和国家的依赖，提高企业抵御外部风险的能力。

第五，沟通与协调。财务部门需要与公司其他部门密切合作，共同应对外汇管制和政治风险带来的挑战，制定统一的风险管理策略和应对措施。

二、跨国企业的财务风险应对措施

跨国企业面临着多方面的财务管理挑战。跨国企业需要应对不同国家的货币政策和汇率波动，管理跨境资金流动和汇兑风险。涉及多国法律和税收制度的复杂性增加了税务合规和税务优化的难度。跨国企业在不同国家经营，需要适应并遵守各国的财务报告准则和审计要求，保证财务报告的准确性和透明度。全球供应链的管理也带来了物流成本、库存管理和供应链风险等方面的挑战。跨国企业还需要应对政治和地缘经济风险，如不稳定的政治环境、贸易政策变化等风险，这些风险可能对企业的财务表现和经营环境产生重大影响。因此，跨国企业需要制定综合的财务管理策略，灵活应对多样化的风险和挑战，以确保长期可持续发展。

（一）国际税收和会计标准

1. 国际税收筹划

跨国企业在全球经营中面临着复杂多样的税收环境，不同国家的税收政策和税率差异导致国际税收筹划方面面临挑战。在这种情况下，企业需要设计合理的税收筹划方案，以便合法避免税负过重和避免双重征税等问题出现，从而优化税务结构，降低企业的税务成本，增强竞争力，实现可持续发展。

了解不同国家的税收政策和税率是进行国际税收筹划的基础。不同国家的税法体系和税收政策存在较大差异，包括企业所得税、增值税、关税和进出口税等方面的政策。因此，企业需要对目标国家的税收政策有充分的了解和研究，了解税收优惠政策、减免政策、税收征收程序等具体内容，以便为税收筹划提供依据。

合理利用税收优惠和减免政策是国际税收筹划的重要手段之一。许多国家为了吸引外资和促进经济发展，会提供各种税收优惠和减免政策，如税收抵免、减免、税收减让等。企业可以通过合法的方式利用这些政策，降低税负，增加资金回笼，提高经营效益。但需要注意的是，税收优惠政策通常有一定的条件和限制，企业必须合规操作，避免触碰税法底线。

跨国企业需要避免双重征税和避税风险。双重征税是指同一纳税人在不同国家或地区同时被征税的现象，可能导致税负过重。为避免双重征税，企业可以采取多种措施，如签订避免双重征税协定、选择适当的税收征管地等。另外，企业也要避免涉及非法避税行为，如虚假报税、偷税漏税等，避免触犯税收法律，承担不必要的法律风险和损失。

企业还可以通过建立跨国投资结构、利用税收透明度合规等方式进行国际税收筹划。建立合理的跨国投资结构可以优化税务布局，降低整体税负；利用税收透明度合规可以提高企业的税务透明度，降低税务风险。企业还可以利用国家间的税收信息交流和合作机制，及时了解税收动态，制定相应的应对策略。

国际税收筹划是跨国企业在全球经营中不可忽视的重要问题。通过了解不同国家的税收政策和税率、合理利用税收优惠政策、避免双重征税和避税风险、建立跨国投资结构等方式，企业可以有效降低税务成本，提升竞争力，实现可持续发展。需要强调的是，企业在进行国际税收筹划时务必合法合规，遵守当地税法法规，避免违法行为带来的风险和损失。

2. 国际会计标准

国际会计标准是跨国企业在全球化经营中必须遵循的重要规范之一，然而由于各国的会计准则和标准存在差异，跨国企业在编制会计报表和财务信息时常常面临差异性和整合难题。因此，为了确保财务信息的准确性和可比性，跨国企业需要建立统一的会计信息系统和报告机制，从而更好地满足国际会计标准的要求，提升企业的财务信息管理水平和国际竞争力。

建立统一的会计信息系统是跨国企业应对国际会计标准挑战的重要举措之一。由于不同国家的会计准则和标准存在差异，跨国企业往往需要同时遵循多个国家的会计要求，在编制会计报表时面临数据来源不一致、核算方式不同等问题。为此，跨国企业可以采用现代化的财务管理系统，建立统一的会计信息系统，实现跨国数据的集中管理和统一处理。通过统一的会计信息系统，企业可以更加有效地管理财务数据，提高数据准确性和可靠性，降低会计报表差异性带来的风险，增强企业财务信息的可比性和透明度。

建立统一的会计报告机制是跨国企业应对国际会计标准挑战的另一重要措施。在跨国经营中，不同国家的会计准则和标准要求企业编制不同类型的会计报表，如年度财务报告、合并财务报表、母公司财务报告等。为了确保财务信息的一致性和可比性，跨国企业需要建立统一的会计报告机制，明确各个报表的编制要求和流程，统一报表格式和会计政策，规范报表披露和审计程序等。通过统一的会计报告机制，企业可以提高财务报告的准确性和可信度，满足国际投资者和监管机构的信息需求，增强企业的国际信誉和形象。

此外，跨国企业还需要加强会计人员的培训和能力提升，提高财务团队的专业水平和国际视野。在国际会计标准的背景下，会计人员需要具备较高的国际会计知识和技能，了解不同国家的会计准则和标准，熟悉国际会计报告原则和要求，能够准确编制和解读国际化的财务报表。因此，跨国企业可以通过开展培训、组织国际会计考试、邀请专业顾问等方式，加强会计人员的学习和交流，提升其国际化的专业素养和能力水平。

跨国企业还需要积极参与国际会计标准的制定和修订，推动国际会计准则的进一步统一和协调。作为跨国企业的一分子，企业可以通过加入国际会计组织、行业协会等机构，就国际会计标准的制定和修订提出建议和意见，分享企业经验和实践，促进国际会计准则的不断完善和进步。通过积极参与国际会计标准的制定和修订，跨国企业可以更好地适应国际化经营环境，提升企业的全球竞争力和影响力。

建立统一的会计信息系统和报告机制是跨国企业应对国际会计标准挑战的关键措施之一。通过统一的会计信息系统和报告机制，企业可以更好地管理财务数据。

（二）跨国合并与收购

跨国合并与收购是当今全球化背景下企业发展的重要战略之一。在这一过程中，企业常常面临财务整合、资产估值和合并会计等诸多挑战。因此，为了确保合并收购的顺利进行，企业需要进行充分的尽职调查和财务评估，同时制定合理的并购结构和财务整合方案。

跨国合并与收购需要面对的一个关键挑战是财务整合。合并后的企业需要整合不同的财务制度、流程和数据，确保各项财务活动的协调和一致性。这包括合并前的财务报表审计、会计准则的统一、税务政策的调整等工作。财务整合过程中，企业需要加强内部沟通和协调，确保各项工作能够顺利进行，避免财务整合不当导致的业务中断或混乱。

资产估值也是跨国合并与收购中的重要环节。在进行合并收购前，企业需要对目标公司的资产进行全面的评估和估值，确定合理的收购价格和交易条件。这涉及目标公司的资产负债表、利润表、现金流量表等财务数据的分析和评估，也需要考虑市场环境、行业竞争、未来发展前景等因素。合并收购的成功与否很大程度上取决于资产估值的准确性和科学性。

合并会计也是跨国合并与收购中不可忽视的重要一环。合并后的企业需要统一会计制度和报告标准，进行合并财务报表的编制和披露。在会计处理上，涉及的问题包括资产减值、商誉处理、合并成本分摊等方面。企业需要遵循 IAS 或者国内相关会计准则，确保合并财务报表的真实、公正、合规。

为了有效应对这些挑战，企业需要进行充分的尽职调查和财务评估。尽职调查涉及对目标公司的经营状况、财务状况、法律风险等方面的全面了解和评估，从而确定合并收购的可行性和风险程度。财务评估则是对目标公司的财务数据进行分析和评估，包括财务报表分析、财务指标评价等，从中获取对目标公司价值和风险的客观认识。

此外，企业还需要制定合理的并购结构和财务整合方案。并购结构涉及资金来源、收购方式、股权结构等方面的安排，需要考虑税务、法律等因素。财务整合方案则需要综合考虑财务制度、人员配备、信息系统等方面的安排，确保合并后的企业能够顺利运营和管理。

跨国合并与收购虽然面临诸多挑战，但通过充分的尽职调查和财务评估，以及制定合理的并购结构和财务整合方案，企业可以有效应对这些挑战，实现合并收购的顺利进行，推动企业发展和增长。

第三节　汇率风险管理与国际投资

一、汇率风险管理

汇率风险管理是企业在跨国经营中至关重要的一项任务。企业可以采取多种策略来避免汇率风险。使用合适的金融工具如远期合约或期权来锁定未来的汇率，降低汇率波动带来的损失。实施自然对冲，即通过增加或减少对外贸易、跨国投资等活动来抵消汇率波动对企业收入和支出的影响。多元化经营地理风险，通过在多个国家开展业务来分散汇率风险。另外，加强财务监控和分析，定期评估汇率风险暴露，并及时调整风险管理策略。建立有效的内部控制机制，确保外汇交易合规并及时披露相关信息。汇率风险管理需要综合运用多种手段，灵活应对汇率波动，以确保企业的财务稳健和持续发展。

（一）汇率风险

1. 汇率波动对企业的影响

汇率波动是国际商务中常见的现象，对企业的影响十分显著。汇率波动会直接影响企业的国际贸易活动和海外投资，进而使销售额和利润产生波动。这种波动可能会增加企业的成本，降低竞争力，并在一定程度上对企业的财务表现产生不利影响。

汇率波动对企业的国际贸易活动有直接影响。当企业从国外购买原材料或产品时，如果本国货币贬值，那么购买成本就会增加，从而增加了企业的生产成本。在这种情况下，企业可能会面临着价格上涨的压力，从而降低了产品的竞争力。相反，如果本国货币升值，那么购买成本可能会降低，从而提高了企业的竞争力。因此，汇率波动对企业的进出口贸易、跨国采购等活动都有直接影响。

汇率波动也会影响企业的海外投资。企业在进行海外投资时，需要考虑本国货币相对于目标国家货币的汇率变动。本国货币贬值，那么海外投资的成本可能会增加，投资回报则可能会降低。反之，本国货币升值，那么海外投资的成本可能会降低，投资回报则可能会增加。因此，汇率波动对企业的海外投资决策和回报情况都会产生影响。

汇率波动还可能导致企业的销售额和利润波动。如果企业的主要市场在国外，本国货币贬值可能导致外销产品价格上涨，使产品的销售量减少，最终影响销售额和利润。相反，如果本国货币升值，那么外销产品价格可能下降，产品的销售量会增加，最终销售额和利润会提高。因此，汇率波动对企业的销售收入和盈利能力都会产生直接影响。

汇率波动可能增加企业的成本，降低竞争力，对财务表现产生不利影响。特别是对于那些依赖进口原材料或产品的企业来说，本国货币贬值可能导致成本上升，减弱产品的价格竞争力，从而影响企业的市场份额和盈利能力。汇率波动还可能使企业在财务报表上出现汇兑损失或盈利，影响财务表现的稳定性和可预测性。

汇率波动对企业有着广泛的影响，涉及国际贸易、海外投资、销售额和利润、成本和竞争力等方面。企业在面对汇率波动时，需要灵活应对，采取有效的风险管理措施，以减少汇率波动对企业经营活动和财务表现的不利影响。

2. 汇率风险管理措施

汇率风险管理是跨国企业面临的重要挑战之一，尤其是在全球化经济背景下，汇率波动可能对企业的财务状况和经营活动产生深远影响。有效管理汇率风险是保障企业稳健运营和财务安全的关键之一，其中货币对冲和金融工具是常见的应对措施。汇率风险管理不仅涉及货币对冲和金融工具的操作，还需要专业的财务团队进行监控、分析和决策，以应对复杂的金融市场环境和汇率波动。下面将对汇率风险管理进行深入探讨。

汇率风险管理的重要性不可忽视。跨国企业在进行国际贸易和跨境投资时，经常需要进行货币兑换，涉及多种货币之间的汇率变动。这种汇率波动可能导致企业在本币价值上产生损失或收益，对财务状况和经营成果产生直接影响。因此，跨国企业需要制定有效的汇率风险管理策略，以及时应对汇率波动带来的风险，确保企业的财务稳健和经营活动顺利进行。

货币对冲是汇率风险管理的常见措施之一。货币对冲是指企业通过购买金融衍生品如远期合约、期货合约、货币掉期等工具，锁定未来某个时点的汇率，以规避汇率波动导致的资金损失。企业可以通过购买远期合约，锁定未来某个时期的外汇兑换率，以保护自身免受汇率波动的影响。这种货币对冲的做法可以有效降低企业面临的汇率风险，提高企业的财务稳健性。

另外，金融工具在汇率风险管理中扮演着重要角色。企业可以利用各种金融工具如期权、掉期、期货等，进行汇率风险的管理和对冲。企业可以购买外汇期权，以获取在未来某一时间内以特定汇率购买或出售外汇的权利，从而降低汇率波动的影响。还可以利用货币掉期等工具，规避汇率波动可能带来的不利影响。企业在选择金融工具时，需要根据自身的经营情况、资金流动和市场预期等因素，合理配置和运用金融工具，实现汇率风险的有效管理。

汇率风险管理不仅是简单地进行货币对冲和购买金融工具，更需要专业的财务团队进行全面的监控、分析和决策。财务团队需要密切关注国际金融市场的变化，分析和预测汇率波动的趋势和可能性，及时调整汇率风险管理策略。同时，财务团队还需要具备较强的金融工具操作能力和风险管理技巧，确保对汇率风险的有效控制。财务团队还需要与其他部门密切合作，共同制定企业的汇率风险管理政策，确保整体业务运作的顺畅和风险可控。

汇率风险管理是跨国企业在全球化经济环境下不可忽视的重要任务。通过货币对冲、购买金融工具等方法，可以有效管理汇率风险，降低企业面临的风险程度。这需要专业的财务团队进行监控和决策，合理运用金融工具，保障企业的财务稳健和经营活动的顺利进行。因此，跨国企业应该高度重视汇率风险管理，建立完善的管理机制，以应对不断变化的国际金融市场环境，确保企业的长期发展和稳定经营。

（二）影响汇率波动的因素

汇率波动的影响因素十分广泛，其中包括经济政策、政治事件、全球市场变化等多方面因素，这些因素可能会对汇率产生不同程度的影响，增加跨国企业面临的汇率风险。在这种背景下，跨国企业需要及时调整汇率风险管理策略，以降低这些不确定性对企业的影响。影响汇率波动的因素可以分为外部因素和内部因素两大类，下面将对它们进行详细的探讨。

外部因素包括经济政策、政治事件和全球市场变化等。经济政策是指各国政府采取的货币政策、财政政策等，这些政策的变化会直接影响本国货币的价值和汇率。某国政府宣布加息或降息，可能会导致该国货币升值或贬值，从而影响跨国企业的进出口成本和市场竞争力。政治事件也是影响汇率波动的重要因素，如政府变革、战争冲突、外交事件等都可能引发汇率波动，增加企业的汇率风险。全球市场变化也会对汇率产生影响，包括商品价格波动、国际投资流动、国际贸易政策变化等，都可能导致汇率的波动性增加，对跨国企业的经营活动造成影响。

内部因素也会影响企业面临的汇率风险。企业的经营状况、财务结构、资金流动性等因素都可能影响企业对汇率波动的敏感程度和应对能力。企业如果有大量的外币资产或负债，可能会面临外币兑换风险；企业如果有跨国经营活动，涉及多个国家的货币，也会增加汇率风险。

二、国际投资

国际投资是指投资者将资金投入海外市场的行为，以获取收益或实现投资目标。国际投资通常涉及跨境资金流动和跨国资产配置。投资者可以选择在外国股票、债券、房地产、直接投资或投资基金等领域进行投资。国际投资带来了机会和挑战。机会包括分散投资风险、获取高收益、获得全球化投资机会和跨国企业的成长。国际投资也面临着外汇风险、政治风险、市场风险、法律风险等各种挑战。因此，进行国际投资需要深入研究目标市场的经济、政治和社会环境，制定相应的投资策略，并采取适当的风险管理措施。国际投资的成功取决于投资者对全球市场的理解和敏锐的市场洞察力，以及对风险的认识和控制能力。

（一）国际投资的意义和挑战

1. 国际化战略的挑战

跨国企业在国际化经营中面临许多挑战和机遇，其中之一就是有效管理汇率风险。汇率波动受多种因素影响，包括经济政策、政治事件、全球市场变化等。这些因素的变化可能导致汇率波动，增加跨国企业在国际业务中的不确定性，从而需要企业采取相应的汇率风险管理措施。

经济政策是影响汇率波动的重要因素之一。各国的货币政策、利率政策、财政政策等都会直接或间接地影响汇率。一个国家采取放松货币政策可能使本国货币贬值，而紧缩政策则可能使本国货币升值。因此，跨国企业需要密切关注各国的经济政策动向，及时调整汇率风险管理策略，降低经济政策变化对企业经营的不利影响。

政治事件也是导致汇率波动的重要因素之一。政治事件包括但不限于政府政策调整、国际关系紧张、地区冲突等。这些事件的发生可能引发市场恐慌情绪，导致投资者对相关国家或地区的信心下降，进而影响货币的汇率波动。跨国企业需要时刻关注政治事件的发展，并做好风险预警和应对措施，以降低政治事件对企业汇率风险的影响。

另外，全球市场变化也会对汇率波动产生影响。全球市场的经济状况、贸易形势、投资环境等因素都可能使货币汇率产生波动。国际贸易形势的变化可能使跨国企业在不同国家和地区的业务收入和支出发生变化，进而影响企业的汇率风险。跨国企业需要密切关注全球市场的变化，灵活调整汇率风险管理策略，以适应不同市场环境下的汇率波动。

在面对以上影响因素时，跨国企业需要及时调整汇率风险管理策略，降低不确定性影响。一方面，企业可以采取货币对冲等金融工具，锁定未来汇率，降低因汇率波动而带来的风险。另一方面，企业可以通过多元化经营、分散风险等方式，降低对特定货币或地区的依赖，增强对汇率波动的抵御能力。企业还应建立健全的监控和评估机制，定期审查汇率风险管理策略的有效性和适应性，及时调整并优化策略，以应对复杂多变的国际经营环境。跨国企业应积极应对汇率风险，采取有效措施降低风险影响，确保国际化战略的顺利实施和可持续发展。

2. 跨国投资的风险

在全球化的背景下，跨国投资已成为许多企业拓展市场、实现增长的重要途径。跨国投资受不同国家的政策、法律、文化、经济环境等多种因素影响，风险较大。因此，企业在进行跨国投资时，必须进行充分的风险评估和管理，以避免国际投资导致的经营风险。

政治风险是跨国投资中常见的风险之一。不同国家的政治稳定程度、政策倾向和法律法规都可能对企业的投资产生影响。政治动荡、政策变化甚至政府干预可能会导致企业投资计划受阻或受损。因此，企业在进行跨国投资前，需要对目标国家的政治环境进行深入了解和评估，制定相应的风险管理策略，包括多元化投资地点、与政府保持密切联系、寻求政治风险保险等。

法律风险也是跨国投资中需要重点关注的方面。不同国家的法律体系、法律文化和司法环境可能存在差异，企业可能面临合同履行、知识产权保护、劳工法律等方面的法律风险。因此，企业在进行跨国投资前需要进行法律尽职调查，了解目标国家的法律法规和司法实践，制定合规性管理方案，确保企业在跨国投资过程中不会违反相关法律法规。

（二）跨国投资的资金管理

跨国投资的资金管理是一项复杂而关键的任务，需要企业有效管理资金流动和汇兑风险，以确保资金的安全性和流动性。在国际投资过程中，企业会面临来自不同国家货币波动、外汇管制、政治风险等多方面的金融风险，因此选择合适的资金管理工具和策略显得尤为重要。通过科学合理的资金管理，企业可以降低跨国投资的金融风险，确保投资顺利进行，并最大限度地实现投资回报。

跨国投资的资金管理需要注重资金流动的效率和便利性。在进行国际投资时，资金的流动性是企业面临的首要考量之一。为了确保资金能够及时、便捷地在不同国家之间流动，企业可以选择使用国际结算账户、跨境支付平台等金融工具，实现资金的快速转移和结算。同时，企业还可以利用货币市场工具、外汇期权等金融产品，对资金流动进行灵活调控，降低汇兑成本和风险。企业可以通过开立境外账户、使用跨境电汇等方式，实现资金的快速跨境转移；可以通过购买外汇期权、使用远期外汇合约等方式，锁定未来的汇率风险，保护资金的价值和安全。

跨国投资的资金管理需要注重汇兑风险的有效管理。由于不同国家之间存在着不同的货币体系和汇率制度，因此企业在进行跨国投资时面临着来自汇率波动的风险。为了有效管理汇兑风险，企业可以采用多种汇兑管理工具和策略。企业可以使用远期外汇合约、货币期权等金融衍生品，锁定未来的汇率，规避汇率波动带来的风险；可以采用自然套期保值、财务套期保值等套期保值策略，减少因汇率波动而导致的损失。企业还可以根据不同国家和地区的经济情况和政策环境，灵活调整资金的投资方向和分配比例，降低汇兑风险对企业财务状况的影响。

跨国投资的资金管理需要注重风险分散和多元化投资。在进行国际投资时，企业应该根据自身的资金实力和风险承受能力，选择合适的资产配置和投资组合，实现风险的分散和收益的最大化。企业可以将资金分散投资于不同国家、不同行业和不同资产类别，降低因单一投资带来的风险，提高投资组合的抗风险能力。同时，企业还可以通过投资具有稳定收益和增值潜力的金融产品和资产，实现资金的长期增值和保值。企业可以选择投资于稳健的债券市场、股票市场、房地产市场等，实现风险收益的平衡和稳定增长。

跨国投资的资金管理需要注重信息的及时获取和风险的动态监控。在进行国际投资时，企业需要不断关注国际金融市场的变化和政策法规的调整，及时调整资金管理策略和投资决策。为了确保信息的及时获取和风险的动态监控，企业可以利用金融信息系统、财务管理软件等信息化工具，实现对国际金融市场和投资项目的实时监控和分析。同时，企业还可以加强与金融机构、专业顾问等合作伙伴的沟通与合作，共同研究和分析国际投资的市场情况和风险趋势，及时调整投资策略和风险管理措施。

跨国投资的资金管理是企业国际化发展过程中的重要环节，需要企业有效管理资金流动和汇兑风险，确保资金的安全性和流动性。选择合适的资金管理工具和策略，可以降低跨国投资的金融风险，保障企业的投资安全和长期发展。因此，企业在进行跨国投资时，应该充分考虑资金管理的重要性，加强内部管理和外部合作，共同推动跨国投资的稳健发展和可持续经营。

第四节　跨境税收规划与国际财务合规

一、跨境税收规划对企业的影响

跨境税收规划对企业有着重要的影响。通过有效的税收规划，企业可以合法地减少税负，提高盈利能力和竞争力。合理的税收规划可以通过降低税率、利用税收优惠政策、合理配置跨国企业结构等方式来实现。跨境税收规划也存在一定的风险和挑战。一方面，由于国际税收法律和政策的复杂性和变化性，企业需要耗费大量资源来进行税收规划和合规性审查，可能增加管理成本。另一方面，不当的税收规划可能会引发国际税务争端和法律风险，对企业形象和运营带来负面影响。因此，企业在进行跨境税收规划时，需要综合考虑税收优惠和合规风险，确保合法合规，并避免出现不利后果。

（一）跨境税收规划的概念与重要性

1. 概念介绍

跨境税收规划，作为一种复杂的财务管理活动，其概念涉及多个层面，旨在通过合法合规的方式，利用不同国家或地区税收制度的差异，以最大限度地降低企业或个人在跨境交易中的税负。以下是对跨境税收规划概念的详细阐述。

跨境税收规划，简言之，是指在国际贸易和投资活动中，通过合理的税收安排和筹划，利用不同国家或地区税收政策的差异，达到降低税负、规避风险、提高经济效益的目的。跨境税收规划的核心目标包括：

（1）降低税收成本：通过精心设计的税务方案，减少企业或个人在跨国交易过程中所需支付的税收，直接减轻税负。

（2）提高经济效益：优化财务结构，实现资金的高效利用，从而提高企业的整体经济效益和竞争力。

（3）规避税务风险：通过了解和熟悉各国或地区的税收政策，规避潜在的税务风险，减少税务纠纷的发生概率。

（4）确保合规经营：跨境税收规划必须在遵守各国或地区法律法规的前提下进行，确保企业的合法合规经营。

2. 降低税负和风险

降低税负和风险是企业在国际商务中需要面对和解决的重要问题。通过跨境税收规划，企业可以采取合法合规的方式来降低税负，提高利润水平，并且在此过程中规避税务风险，避免不当税务安排导致的罚款和损失。在全球化的经济环境下，税收规划已经成为企业管理的一项重要策略，对企业的发展和竞争力具有重要影响。

跨境税收规划是企业降低税负的重要途径之一。在国际商务中，企业需要面对不同国家和地区的税收政策和税率差异，导致企业可能存在双重征税、高额税负等问题。为了有效降低税负，企业可以通过跨境税收规划来优化税务结构和合理安排税务安排，合法合规地降低税收成本。企业可以利用跨国公司的税务优惠政策和税收优惠措施，通过成立子公司、设立分支机构等方式，在不同国家和地区之间实现税收的优惠和转移；可以通过跨国企业的合并重组、跨境合同和转让定价等方式，合理调整收入分配和成本配置，降低税收负担。这种基于跨境税收规划的税收优化策略，有助于企业降低税负，提高利润水平，增强竞争优势。

跨境税收规划是企业规避税务风险的重要手段之一。在国际商务中，企业往往面临来自税务审查、税务调整等多方面的税务风险，可能导致企业面临罚款、滞纳金等不利后果。为了规避税务风险，企业可以通过跨境税收规划来规避税务争议和纠纷，避免因不当税务安排而产生的法律风险和经济损失。企业可以通过谨慎选择税收优惠政策和税收规划方案，避免使用存在争议的税收安排和税务筹划方式；可以通过建立完善的内部税务合规机制和风险管理体系，加强税务合规管理和内部控制，规范企业的税务行为和经营活动。这种基于跨境税收规划的税务合规策略，有助于企业规避税务风险，保障企业的合法权益和经营稳定。

跨境税收规划还有助于企业优化全球资源配置和提升国际竞争力。在全球化的经济环境下，企业需要充分利用全球资源和市场机会，实现全球化运营和国际化发展。通过跨境税收规划，企业可以合理配置全球资源，优化生产布局和供应链管理，降低生产成本和运营成本。

（二）提升国际竞争力

提升国际竞争力是当今企业面临的重要挑战之一，而有效的跨境税收规划被视为提升竞争力的关键因素之一。通过合理规划跨境税收，企业可以降低成本，提高效益，从而在国际市场上取得更大的竞争优势。这种优势不仅体现在产品价格的竞争性上，还包括提高产品质量和服务水平，从而更好地满足客户需求，增强市场份额。

跨境税收规划的有效性不仅体现在成本的降低上，更重要的是其对企业整体战略的支持和推动。合理规划跨境税收可以帮助企业降低税负，释放资金用于创新、研发和市场拓展，进而提高产品质量和服务水平。这种提高不仅是一时的，更是对企业长期竞争力的有效提高。企业可以将节省的税收用于技术升级和人才培养，提高生产效率和产品质量，从而在国际市场上赢得更多客户和订单。

除了直接影响企业的成本和效益，跨境税收规划还有利于企业吸引国外投资和扩大海外业务。拥有稳定、合理的税务政策是外国投资者选择投资的重要考量因素之一。通过制定合理的跨境税收策略，企业可以降低外国投资者的税负，增强其对企业的投资意愿，吸引更多的资金流入。跨境税收规划也可以帮助企业更好地开展海外业务，降低在海外市场的税收负担，提高在当地的竞争力和市场占有率。企业可以通过建立合理的跨国结构和税务筹划方案，合法避免双重征税和贸易壁垒，降低在海外市场的运营成本和税收支出，增强在当地市场的竞争优势和盈利能力。

跨境税收规划还有利于促进国际经济合作与交流。在全球化的背景下，各国之间的经济联系日益紧密，跨境税收规划可以帮助企业更好地参与国际经济合作与交流，促进跨国贸易和投资的顺利进行。企业可以通过合理规划跨境税收，降低跨境交易的成本和风险，促进国际贸易和跨国投资的发展，加强与海外合作伙伴的合作与交流。这种积极的国际经济合作与交流不仅有助于企业拓展市场和提升竞争力，也有助于推动世界各国经济的共同繁荣和发展。

跨境税收规划对企业提升国际竞争力具有重要意义。通过合理规划跨境税收，企业可以降低成本，提高效益，从而在国际市场上获得更大的竞争优势。同时，跨境税收规划还有利于企业吸引国外投资、扩大海外业务，促进国际经济合作与交流。因此，企业应该重视跨境税收规划的重要性，积极采取有效措施，合理规划跨境税收，提升自身在国际市场上的竞争力，实现可持续发展。

二、国际财务合规与企业经营

国际财务合规对企业经营至关重要。企业需要遵守跨国贸易、税收、金融监管等方面的国际法律法规，确保合规经营。财务合规涉及财务报告准则的遵循、税务合规、反洗钱、反腐败等方面。合规经营有助于企业建立良好的声誉，提升投资者信心，降低经营风险。国际财务合规也与企业的国际竞争力密切相关。合规经营可以降低企业在国际市场的法律风险和声誉风险，增强企业在全球市场的竞争力和可持续发展能力。因此，企业应建立健全合规管理体系，加强内部控制和监督机制，培训员工合规意识，以确保国际财务合规与企业经营的有机结合，实现长期稳健发展。

（一）国际财务合规的重要性与挑战

1. 合规性要求

合规性要求对企业而言是至关重要的，尤其是在国际财务领域。国际财务合规要求企业严格遵守各国相关的财务法规、会计准则和报告要求，以确保企业在全球范围内的经营活动合法合规，保护投资者的权益，维护市场秩序，促进经济发展。企业需要认真履行合规义务，确保财务报告的真实、准确、完整，避免违反法规产生的法律责任。

企业在国际财务合规方面需要遵守各国相关的财务法规。不同国家和地区的财务法规存在差异，企业在跨境经营和跨国投资时需要熟悉并遵守各国的财务法规。美国的《萨班斯—奥克斯利法案》（*Sarbanes-Oxley Act*）要求公开交易的公司必须建立和维护内部控制机制，确保财务报告的真实性和准确性；欧盟的 IFRS 要求上市公司必须采用统一的国际会计准则编制财务报告，增强财务信息的透明度和可比性。企业需要制定相应的合规政策和流程，建立内部控制机制，确保财务活动符合法规要求，避免因违反法规而受到处罚和诉讼。

企业在国际财务合规方面需要遵守各国相关的会计准则。会计准则是财务报告编制的基础，对企业的财务报告质量和透明度具有重要影响。不同国家和地区制定了各自的会计准则，企业在编制财务报告时需要根据所在国家的法律法规和会计准则进行操作。中国企业需遵守《企业会计准则》（CAS）的规定，美国企业需遵守《美国通用会计准则》（GAAP）或 IFRS 的规定。企业需要确保财务报告的编制符合所适用的会计准则，保证财务信息的准确性和可信度，以满足投资者和监管机构的要求。

企业在国际财务合规方面需要保证财务报告的真实、准确、完整。财务报告是企业向外界披露财务信息的主要渠道，对外界评估企业财务状况和经营绩效具有重要影响。企业需要确保财务报告的真实性，即财务报告中所包含的财务信息必须真实客观地反映企业的财务状况和经营成果。准确性是指财务报告中所包含的财务信息必须准确无误地反映企业的经济活动和交易结果。完整性是指财务报告中所包含的财务信息必须完整全面地反映企业的全部经济业务和财务情况。企业需要建立完善的财务报告制度和审计制度，加强对财务报告的内部审计和外部审计，确保财务报告的质量和可靠性，提高投资者和市场对企业的信心和信任。

国际财务合规要求企业遵守各国相关的财务法规、会计准则和报告要求，确保财务报告的真实、准确、完整，避免违反法规产生的法律责任。企业需要建立健全的合规体系和内部控制机制，加强对财务活动的监督和管理，提高财务管理水平和财务报告质量，为企业的可持续发展和国际竞争提供有力保障。

2. 挑战与难题

在当今全球化的商业环境中，企业在实施财务管理时会面临诸多挑战与难题。其中，不同国家的财务法规和会计准则存在差异是一个主要的挑战。在全球化的背景下，企业经常需要跨越国界开展业务，而每个国家都有其独特的财务法规和会计准则，这给企业带来了多样化的合规挑战。同时，跨境业务增多、跨国交易复杂化等因素也增加了财务合规的难度和复杂性。

不同国家的财务法规和会计准则差异是企业面临的重要挑战之一。不同国家对财务报告的要求、会计处理方法、财务指标计算等存在差异，这使企业在跨国经营中需要同时遵守多个国家的财务法规和会计准则，增加了企业的合规成本和风险。美国的 GAAP 与 IFRS 存在一定的差异，企业在进行跨国交易或者在不同国家上市时，需要根据不同的准则来做财务报告，这给企业的财务管理和财务分析带来了一定的挑战。

跨境业务增多、跨国交易复杂化等因素也增加了财务合规的难度和复杂性。随着全球化进程的不断推进，企业越来越多地进行跨国业务活动，如跨境投资、跨国并购、跨国合作等。而这些跨国业务活动往往涉及不同国家的税收政策、外汇管制、贸易法规等方面的合规要求，给企业的财务管理带来了极大的挑战。企业在进行跨国并购时，需要考虑不同国家的交易结构、交易条款、税务筹划等方面的合规问题，以确保交易的顺利进行和合法合规。

面对这些挑战与难点，企业需要采取一系列有效的措施来应对。

首先，加强国际财务标准的学习和理解，及时了解不同国家的财务法规和会计准则的最新变化，确保企业的财务报告符合各国的法律法规要求。

其次，建立健全的财务合规管理体系，明确财务合规的责任分工和流程控制，确保企业在跨国业务活动中严格遵守各项法律法规和会计准则。

再次，加强与专业律师事务所、会计师事务所等专业机构的合作与沟通，及时咨询专业的法律和会计问题，降低财务合规的风险。

最后，利用信息技术手段，建立财务数据管理系统，加强对财务数据的监控和审计，防止财务信息被窃取或泄露，确保企业的财务安全和隐私保护。

不同国家财务法规和会计准则的差异以及跨境业务的增多和复杂化，给企业的财务管理带来了诸多挑战与难题。企业需要加强对国际财务标准的学习和理解，建立健全的财务合规管理体系，加强与专业机构的合作与沟通，利用信息技术手段加强财务数据管理，以应对不同国家间财务合规要求的多样性和复杂性，确保企业的财务安全和合规运营。

（二）建立有效的合规体系

确立一个有效的合规体系对企业至关重要。这需要建立一个全面的国际财务合规体系，其中包括合规流程、内部控制机制和风险管理体系。除此之外，还需要加强内部培训与沟通，以提高员工的合规意识和能力，从而确保企业在国际财务活动中做到合法合规。

建立合规流程是确保企业合规运营的基础。合规流程应该清晰明确，覆盖企业的各个方面，包括财务报告、税务申报、公司治理、合同签订等环节。这些流程应当符合国际标准和法律法规，并且要根据企业的实际情况进行调整和完善。企业可以建立财务报告审核流程，确保报表的真实性和准确性；可以建立税务合规流程，确保税务申报的及时性和准确性；可以建立供应链管理流程，确保合同签订和履行的合规性。通过建立健全的合规流程，企业可以规范运营行为，降低合规风险，提高经营效率。

建立内部控制机制是保障企业合规运营的重要方式。内部控制机制是指企业内部建立的一套制度和程序，旨在保护企业资产安全、保障财务信息的准确性和可靠性、促进经营活动的合法合规。内部控制机制涵盖企业内部的组织结构、控制环境、风险评估、控制活动、信息与沟通以及监督和评价等方面。企业可以建立财务审计制度和内部审计机制，确保财务信息的准确性和完整性；可以建立风险管理制度和内部控制流程，及时识别和应对各种风险；可以建立信息披露和沟通机制，加强与内外部利益相关者的沟通与合作。通过建立健全的内部控制机制，企业可以有效防范内部风险和外部风险，提高企业的运营效率和风险管理水平。

加强内部培训与沟通是提高员工合规意识和能力的重要途径。员工是企业的重要组成部分，他们的合规意识和能力直接影响企业的合规情况和风险管理效果。因此，企业需要加强对员工的合规培训和教育，提高他们的法律法规意识、职业道德和风险防范能力。同时，企业还需要建立畅通的内部沟通渠道，及时向员工传达合规政策和要求，解答员工的疑问和困惑，营造良好的合规氛围和文化氛围。企业可以定期组织合规培训和考核，向员工介绍相关法律法规和企业合规政策，提高员工的合规意识和能力；可以建立内部通报制度和举报渠道，鼓励员工发现和报告合规违法行为，加强内部监督和管理。通过加强内部培训与沟通，企业可以提高员工的合规意识和能力，促进员工自觉遵守规章制度，确保企业在国际财务活动中合法合规。

建立有效的合规体系对于企业保障合法合规经营具有重要意义。企业需要建立健全的合规流程、内部控制机制和风险管理体系，加强内部培训与沟通，提高员工的合规意识和能力。只有这样，企业才能在国际财务活动中做到合法合规，降低合规风险，提高经营效率，实现可持续发展。

第五章　金融安全与风险管理实践

第一节　金融风险管理策略与实践

一、金融风险管理策略

金融风险管理是企业维护财务安全的重要手段。企业可以采用多元化投资组合策略，分散投资风险，降低对特定资产或市场的依赖性。企业可以建立有效的资金管理和预算控制机制，确保资金流动性和稳定性，及时应对突发事件。企业也可以购买金融衍生品如期货合约或期权，锁定汇率、利率或商品价格等风险，规避市场波动带来的损失。另外，企业需要加强内部控制和审计监管，确保财务数据的准确性和透明度，及时发现和纠正风险隐患。企业应建立紧密的风险管理团队，定期评估和监控金融市场和经营环境的变化，灵活调整风险管理策略，以应对不断变化的风险挑战。多元化投资、有效资金管理、金融衍生品运用、内部控制和风险监管等策略相结合，有助于企业有效管理金融风险，提升财务安全性。

（一）风险识别与评估

1. 风险分类

金融监管在维护金融安全和稳定中起着不可或缺的作用。监管机构通过对金融市场和金融机构进行监管和监控，可以促进金融市场的健康发展和金融机构的合规经营。财务管理在面对金融监管时，必须密切关注监管政策和变化，并严格遵循监管要求，以确保企业的合规运营，从而保障企业的金融安全。

在金融领域，风险无处不在，而对各类金融风险进行分类是理解和管理这些风险的第一步。常见的金融风险包括市场风险、信用风险、操作风险等。首先是市场风险。它是指市场价格波动或不确定性而导致的资产价值下降的风险。市场风险通常包括股票市场风险、利率风险、汇率风险等，企业在投资和资产配置时都会面临市场风险。其次是信用风险。它是指债务人无法按时履行合同中的付款义务而造成的损失。这种风险涉及借款人的违约风险，包括个人、企业、金融机构等各种借款主体。最后是操作风险。它是指内部操作失误、系统故障、人为错误等导致的风险。操作风险可能涉及内部流程、技术系统、员工行为等多个方面，需要企业建立有效的内部控制和风险管理机制。

了解并明确各类风险的特点和影响，有助于企业精准识别和评估不同风险对企业的影响程度。企业可以根据不同风险的性质和特点，制定相应的风险管理策略和措施，以降低风险带来的损失。在面对市场风险时，企业可以通过分散投资组合、采取套期保值等方法来规避风险；在面对信用风险时，企业可以通过加强客户信用评估、建立信用担保机制等方式来控制风险；在面对操作风险时，企业可以通过加强内部管控、完善操作流程、提升员工培训等方式来防范风险。

金融监管也能不断加强对各类风险的监管和控制。监管机构通过发布相关法规和规定，强化金融机构的风险管理要求，要求金融机构建立健全的风险管理制度和内部控制机制，以及加强风险报告和信息披露。同时，监管机构还会对金融机构的风险管理和内部控制进行定期检查和评估，确保其合规运营和风险控制。企业在面对金融监管时，除了遵守相关法规和规定，还需要加强对监管政策的理解和应对，不断优化风险管理和内部控制，以应对不断变化的金融市场和风险挑战。

对各类金融风险进行分类，并根据其特点和影响程度进行评估，有助于企业更好地理解和管理风险。同时，企业需要密切关注金融监管政策和变化，严格遵守监管要求，加强风险管理和内部控制，以确保企业的金融安全和稳健经营。

2. 风险评估工具

金融监管是维护金融安全和稳定的重要手段。监管机构对金融市场和金融机构进行监管和监控，以保护投资者利益、维护市场秩序和防范金融风险。财务管理在企业运营中扮演着重要角色，密切关注金融监管政策和变化是财务管理的一项重要任务。合规运营、遵循监管要求是企业保障金融安全的关键举措。

风险评估工具是财务管理中不可或缺的一部分。它们为企业提供了量化和定级风险的工具，有助于更好地理解各项风险的概率、影响程度和紧急程度。借助各种风险评估工具，如风险矩阵、风险事件树等，企业可以更全面地评估和管理风险。

风险矩阵是一种常用的风险评估工具，通过将风险的概率和影响程度以矩阵的形式呈现，对风险进行量化和分类。通常，风险矩阵将横轴划分为不同的概率等级，将纵轴划分为不同的影响程度等级，形成一个二维矩阵。企业可以根据实际情况将各项风险按照其概率和影响程度定位到相应的位置，从而确定各项风险的优先级和应对策略。对于概率较高但影响程度较低的风险，企业可以采取较为简单和经济的措施进行控制和管理；对于概率较低但影响程度较高的风险，则需要采取更为严密和有效的措施进行预防和应对。

风险事件树是一种用于分析风险事件的工具，通过将风险事件分解为不同的子事件，并结合子事件发生的概率和影响程度，形成一棵树状结构。风险事件树可以帮助企业全面理解风险事件的发生机制和影响路径，从而确定风险事件发生的可能性和后果。企业可以通过对风险事件树的分析，识别和评估各个子事件的发生概率和影响程度，进而确定风险事件的整体概率和影响程度，为制定相应的风险管理策略提供参考依据。对于概率较高的风险事件，企业可以重点关注其关键子事件，采取针对性的措施进行控制和管理；对于概率较低但影响程度较高的风险事件，企业则需要采取更为严密和有效的措施进行预防和应对。

除了风险矩阵和风险事件树，还有许多其他的风险评估工具，如事件树分析、故障树分析、蒙特卡洛模拟等，它们各具特点，适用于不同的风险评估场景。企业可以根据实际情况选择合适的风险评估工具，结合专业知识和实践经验，全面、准确地评估和管理风险，保障企业的稳健经营和可持续发展。

（二）风险监控体系

风险监控体系是企业管理中至关重要的组成部分。通过建立完善的监控体系，可以有效地识别、评估和管理各种金融风险，确保企业在不确定的市场环境中保持稳健地经营。借助各种风险监控工具和机制，企业可以更加及时和准确地掌握风险动态，采取相应措施应对风险挑战，从而保持金融安全和可持续发展。

建立风险指标是构建有效风险监控体系的基础。通过设定一系列风险指标，企业可以量化地监测各项风险的变化趋势和程度，从而及时识别潜在风险隐患，制定相应的风险管理策略。这些风险指标可以涵盖市场风险、信用风险、操作风险等各类风险，并根据企业的具体情况和业务特点进行量化和分类，以便更好地衡量和控制风险水平。

制定监控措施是确保风险监控体系有效运行的关键。企业可以根据风险指标的设定，制定相应的监控措施和监控周期，建立监控流程和机制。这些监控措施可以包括定期开展风险评估和检查、建立风险报告和预警机制、制定风险管理计划和措施等。通过及时监控和反馈风险信息，企业可以更加及时地了解风险状况和变化趋势，及时调整经营策略和风险管理措施，降低潜在风险对企业的影响。

建立监控机制是确保风险监控体系高效运行的重要保障。企业可以建立专门的风险管理部门或委员会，由它们来负责风险监控和管理工作，并明确相关人员的职责和权限，确保监控工作的顺畅进行。同时，可以借助信息技术手段，建立风险监控系统和数据库，实现对风险信息的集中管理和快速检索，提高监控效率和准确性。企业还可以加强内部培训和外部合作，提高员工的风险意识和应对能力，并与监管机构和专业机构合作，共同研究和解决风险问题，共同维护金融市场的稳定和健康发展。

建立完善的风险监控体系是企业保障金融安全和可持续发展的关键举措。通过设定风险指标、制定监控措施和建立监控机制，企业可以更加及时和准确地掌握风险动态，有效应对各种风险挑战，保持对企业金融风险的敏感性和应对能力，实现经营稳健和可持续发展的目标。

二、金融风险管理实践

金融风险管理是企业财务管理中的重要环节，旨在识别、评估和应对各种金融风险，以最大限度地降低财务损失。实践中，金融风险管理包括以下几个关键步骤：首先，识别风险，即通过分析市场风险、信用风险、流动性风险等方面，确定可能影响企业财务状况的风险因素。其次，评估风险，即定量评估各项风险的潜在影响和可能损失，以确定风险的严重程度和优先级。再次，制定风险管理策略，根据评估结果制定适当的风险管理策略和应对措施，包括风险避免、转移、降低和接受等方式。最后，实施和监督风险管理措施，即建立有效的监控和反馈机制，及时调整风险管理策略，确保风险管理措施的有效性和及时性。通过系统化的金融风险管理实践，企业能够更好地应对市场波动和不确定性，保护企业财务利益，促进企业稳健发展。

（一）风险规避与转移

1. 风险规避

风险规避是企业管理中至关重要的一环。在不断变化和不确定的商业环境中，企业必须采取措施来规避潜在的风险，以确保其持续稳健发展。多元化投资、合理分散风险及规避高风险操作等策略是企业可以采取的关键方法之一。通过这些规避策略，企业能够有效地降低直接面对的风险，减少财务损失和经营风险，提升企业的抗风险能力和竞争优势。

多元化投资是一种常见的风险规避策略。企业可以通过在不同行业、不同地区、不同资产类别等方面进行多元化投资，将资金分散投资于多个项目或资产。这样一来，即使某个项目或行业受到不利影响，其他项目或行业的盈利能力仍然可以支撑企业的整体经济状况。一个企业可以将一部分资金投资于稳定收益的债券市场，另一部分资金投资于潜力较大的股票市场，以及投资于房地产或大宗商品等资产，以实现投资组合的多样化和风险的分散化。

合理分散风险是另一个重要的风险规避策略。企业应该避免过度依赖于某一项业务或某一家供应商和客户，应该在不同的业务领域、与不同的供应商和客户进行合作。这样一来，即使某一业务或某一供应链环节出现问题，也不会对企业的整体运营造成严重影响。企业可以开拓多个销售渠道，吸引不同类型的客户，降低对某个市场或客户群体的依赖程度，从而减少由于市场变化或客户关系问题带来的风险。

规避高风险操作也是企业风险规避的重要策略之一。企业在经营过程中应该尽量避免参与高风险的业务活动或投资项目，特别是那些风险难以控制或预测的项目。在进行业务决策时，企业应该进行全面的风险评估，评估潜在风险的严重程度和可能带来的影响，避免盲目冒险。企业在选择合作伙伴或投资项目时，应该谨慎选择，对潜在的合作风险和投资风险进行充分调查和评估，避免盲目追求利润导致的高风险决策。

风险规避是企业管理中的重要策略。通过多元化投资、合理分散风险和规避高风险操作等方式，企业可以有效地降低直接面对的风险，减少财务损失和经营风险，提升企业的抗风险能力和竞争优势。企业在制定风险规避策略时，应该充分考虑市场环境的变化、竞争对手的动态及自身的经营状况，制订符合企业实际情况的风险管理计划，确保企业能够在不断变化的商业环境中保持稳健发展。

2. 风险转移

风险转移是企业在面对潜在风险时采取的一种重要策略，通过保险、金融衍生品等将部分风险转移给第三方，从而降低企业自身承担的风险压力和损失。在当今复杂多变的商业环境中，风险无处不在，企业需要不断探索有效的风险管理方法，以确保经营稳健和可持续发展。

保险是企业常用的风险转移工具之一。企业可以通过购买各类保险产品，如财产保险、责任保险、人身保险等，将可能发生的风险转移给保险公司，以换取保险金或者获得相关的理赔服务。通过保险，企业可以有效降低突发事件或意外事故导致的损失，减轻企业的财务压力和经营风险。在面对自然灾害、意外事故、财产损失等风险时，企业可以购买相应的保险产品，以获得保险公司的赔偿和理赔服务，降低风险带来的损失和影响。

金融衍生品是企业进行风险转移的另一种重要工具。金融衍生品是一种金融工具，包括期权、期货、互换等多种形式，其价值取决于基础资产（如股票、利率、汇率等）的变动情况。企业可以利用金融衍生品进行风险对冲和风险管理，将部分风险转移给金融市场或其他投资者。企业可以通过购买利率互换合约来对冲利率波动风险，通过购买货币期权来对冲汇率风险，通过购买股票期权来对冲股票价格波动风险等。通过合理利用金融衍生品，企业可以灵活应对各类市场风险，降低财务风险和经营风险。

供应链金融也是企业进行风险转移的一种重要工具。供应链金融是指通过金融手段对供应链中的资金流动和风险进行管理，包括应收账款融资、库存融资、供应链融资等多种形式。企业可以通过与供应链金融机构合作，将部分贸易和供应链中的风险转移给金融机构，从而降低企业在供应链管理中面临的资金压力和风险。企业可以通过应收账款转让、仓单质押等方式，将部分应收账款和库存货物转移给金融机构，获得相应的融资支持和风险管理服务。

风险转移是企业有效应对潜在风险的重要策略之一。通过保险、金融衍生品、供应链金融等方式进行风险转移，可以帮助企业减轻财务压力和降低经营风险，提升企业的风险管理水平和经营稳健性。在实施风险转移策略时，企业需要注意选择合适的风险转移工具和合作伙伴，充分评估风险转移的成本与效益，确保风险管理的全面性和有效性。

（二）应急预案和反应机制

风险管理是企业管理中的重要组成部分，其中应急预案和反应机制是应对潜在风险和危机的关键工具。制定完善的应急预案和风险应对方案，建立灵活的反应机制和危机管理体系，对于保障企业的稳健发展和财务安全至关重要。在风险事件发生时，企业能够快速响应和处理，最大限度地减少财务损失和影响。

应急预案是企业应对突发事件和风险事件的关键工具。应急预案是在事前制定的应对突发事件和风险事件的具体方案和措施，包括组织架构、任务分工、应急资源、应急措施等内容。通过制定应急预案，企业可以在面对突发事件和风险事件时做出及时、有效的应对，减少损失和影响。企业可以根据不同的风险类型和程度，制定相应的应急预案，明确危机管理团队和应急小组的职责和权限，建立应急通信和协调机制，确保在紧急情况下能够迅速组织和协调各方资源，有效应对风险事件的发生和扩散。

反应机制也是企业应对风险事件的关键工具。反应机制是指在风险事件发生后，企业如何快速、灵活地采取相应措施，有效应对风险事件的发展和影响。通过建立灵活的反应机制，企业可以及时采取措施，降低风险事件对企业的损失和影响。在风险事件发生后，企业可以迅速启动应急预案，组织危机管理团队和应急小组进行紧急处置和应对，及时通知相关部门和人员，采取必要的措施和行动，控制风险事件的发展和扩散，最大限度地减少财务损失和对经营的影响。

在应急预案和反应机制的制定和实施过程中，企业需要注意以下几点：首先，应急预案和反应机制是系统和全面的，覆盖企业面临的各种潜在风险和危机事件，确保能够应对各种突发情况和应急事件。其次，应急预案和反应机制具有灵活性和针对性。企业可以根据实际情况和风险特征，灵活调整和完善应对措施和流程，确保能够快速、有效地应对风险事件的发生和变化。最后，应急预案和反应机制的实施是持续和时时跟踪的，定期组织演练和检查，不断完善和提升应急预案和反应机制的实际效果和应对能力，确保企业在面对风险事件时能够做出正确和及时的反应。通过建立完善的应急预案和反应机制，企业可以有效应对各种风险事件，保障企业的财务安全和稳健发展。

第二节　企业财务安全与网络安全保障

一、企业财务安全保障

企业财务安全保障是确保企业财务资源免受损失和避免被滥用的关键。建立健全的内部控制制度，包括审计、核查、报告和审批程序，确保资金流动性和透明度。加强信息安全保护，采用加密技术和访问控制措施，防止财务数据被未经授权的访问和篡改。定期进行财务风险评估，识别并应对潜在的财务威胁和漏洞，及时调整风险管理策略。另外，建立紧密的合作伙伴关系，选择可信赖的金融机构和供应商，降低财务交易风险。加强员工培训和意识教育，提高员工对财务安全的重视程度，防范内部欺诈和不当行为。通过综合运用以上措施，企业可以有效保障财务安全，确保资金的安全和合理使用，促进企业的稳健发展。

（一）财务内控体系

1. 内部控制制度

内部控制制度是企业管理中的关键组成部分，旨在确保企业的财务活动合规、透明，并降低内部操作风险和误操作的可能性。通过建立健全的内部控制制度，包括财务流程、审批流程、权限管理等，企业可以有效管理和控制内部风险，提高运营效率，保障企业财务稳健和持续发展。

健全的财务流程是内部控制制度的重要组成部分。财务流程涉及企业日常财务活动的各个环节，包括资金收支、会计核算、财务报告等。通过建立规范、流程化的财务流程，企业可以明确各项财务活动的操作流程、责任人和权限，减少操作风险和误操作的可能性，确保财务数据的准确性和可靠性。企业可以制定严格的财务管理制度和流程，规范资金管理、会计处理和财务报告的流程和要求，确保各项财务活动符合相关法律法规和会计准则的要求，降低财务风险和违规风险。

健全的审批流程是内部控制制度的关键环节。审批流程涉及企业各项决策和行动的审批程序，包括采购审批、费用报销、合同签订等。通过建立规范、透明的审批流程，企业可以确保决策和行动的合理性和合规性，避免因未经审批或超越权限而产生的风险和损失。企业可以制定明确的审批权限和流程，规定不同层级和部门的审批权限和程序，严格执行审批要求，防止因审批不当而引发的内部风险和违规行为。

权限管理是内部控制制度的重要内容之一。权限管理涉及企业对员工和部门的权限，包括系统权限、数据权限、操作权限等的分配和管控。

2. 审计与监控

在保障企业财务安全和规范经营方面，审计与监控是至关重要的环节。企业通过定期进行财务审计，能够发现财务问题和漏洞并解决问题和补上漏洞，确保财务活动的合规性和透明度。同时，建立监控机制，对异常财务行为和异常资金流动进行及时监测和警示，有助于防范和应对内部操作风险，最大限度地降低潜在的经营风险和减少损失。

财务审计是确保企业财务活动合规性和透明度的重要手段之一。通过定期进行财务审计，企业能够全面审查其财务流程、财务记录和财务报表，发现存在的财务问题和漏洞，并解决问题和补上漏洞，确保财务信息的准确性和可靠性。财务审计不仅有助于发现潜在的财务风险和问题，还可以评估企业的内部控制制度和财务管理水平，为企业提供改进和优化建议。审计人员可以检查财务流程和审批流程是否合理、规范，查明财务记录是否准确、完整，评估内部控制制度的有效性和执行情况，为企业提供财务管理方面的建议和改进意见，确保企业财务活动的合规性和透明度。

建立监控机制是及时发现和应对异常财务行为和异常资金流动的关键。监控机制通过建立监控指标、监控系统和监控流程，对企业的财务活动和资金流动进行实时监测和分析，及时发现潜在的异常情况和问题，并采取相应的应对措施。

（二）财务培训与教育

财务培训与教育是提升企业财务管理水平和降低财务风险的重要举措。企业通过开展财务培训和教育，可以提高员工的财务安全意识，提升员工的财务管理能力，从而减少财务管理失误和风险。这一举措对于企业的长期发展和稳健经营具有重要意义。

财务培训和教育可以增强员工的财务安全意识。在日常工作中，财务部门的工作涉及资金管理、会计核算、财务报告等诸多方面，而财务风险往往隐藏在这些工作中。企业通过开展财务培训和教育，可以向员工普及财务知识，使其了解企业财务管理的重要性，认识到财务风险可能带来的影响和后果。员工在接受培训和教育的过程中，能够更加关注财务安全，提高警惕性，主动发现和避免可能存在的财务风险，为企业的财务安全保驾护航。

财务培训和教育可以提升员工的财务管理能力。良好的财务管理能力是企业保障财务安全和稳健发展的基础。企业通过开展财务培训和教育，可以向员工传授财务管理的基本理论知识、实践技能和操作方法，提高员工的财务分析能力、财务报表解读能力及财务决策能力。同时，培训还可以针对企业特定的财务管理需求，对员工进行专业培训，提升其在特定领域的专业知识和技能，使其能够更加熟练地应对各种财务管理挑战和问题，为企业的财务安全提供有力支持。

在财务培训和教育中，企业应该注重以下几点：首先，培训内容应该全面、系统，覆盖财务管理的各个方面，包括财务基础知识、财务报表分析、财务风险管理等内容，确保员工获得全面的财务知识和技能。其次，培训方式应该多样、灵活，可以采用课堂培训、在线学习、案例分析、实操演练等多种形式，满足不同员工的学习需求和学习习惯。最后，培训过程应该持续、时时跟踪，定期组织财务培训和教育活动，定期评估培训效果，及时调整和完善培训计划，确保员工的财务管理能力不断提升。通过财务培训和教育，企业可以为员工提供一个学习和成长的平台，激发员工的工作潜力，提高企业的核心竞争力，实现可持续发展。

二、企业网络安全保障

企业网络安全保障至关重要，包括多种措施。建立健全的网络安全政策和流程，包括访问控制、数据加密、安全审计等，以规范员工行为和系统操作。加强网络防火墙和入侵检测系统，及时发现并阻止恶意攻击和未经授权的访问。定期对系统进行漏洞扫描和安全漏洞修补，确保系统的安全性和稳定性。加强员工安全意识培训，提高员工对网络安全的认识和防范能力，减少内部安全风险。建立紧急响应机制和数据备份方案，以应对可能发生的安全事件，并及时恢复业务运营。企业网络安全保障需要综合考虑技术、管理和人员培训等多个方面，以确保企业信息资产的安全和可靠性，维护企业的商誉和利益。

（一）网络安全基础建设

1. 网络安全策略

网络安全策略在当今数字化时代的企业管理中具有重要意义。企业应当制定全面的网络安全策略和规范，其中包括访问控制、数据加密、漏洞修补等一系列措施，以保护企业的重要数据和资产不受网络攻击的侵害。通过建立网络安全意识，培养员工对网络安全的重视和理解，企业可以有效地应对日益频繁和复杂的网络威胁，确保企业的网络系统安全可靠，从而保障业务的正常运行和信息资产的安全。

制定网络安全策略和规范是保障企业网络安全的基础。网络安全策略和规范是企业对网络安全问题的战略性规划和管理框架，包括对网络安全目标、政策、标准、程序和控制措施的规定和要求。通过制定网络安全策略和规范，企业可以明确网络安全的核心价值和原则，规范员工的网络行为和操作，强化对网络安全的管理和监督，最大限度地降低网络安全风险，保障企业网络系统的稳定和安全。

建立网络安全意识是保障企业网络安全的重要手段。网络安全意识是员工对网络安全问题的认知和理解，是企业员工在网络使用和管理中应当遵循的行为准则和规范。企业可以通过开展网络安全培训和教育，向员工普及网络安全知识和技能，提高员工对网络安全的认识和警惕性，增强员工识别和应对网络安全威胁的能力，使员工成为网络安全的第一道防线。企业可以定期组织网络安全培训和演练，向员工介绍网络安全的基本概念、常见威胁和防范措施，提高员工对网络攻击和欺诈行为的警惕性和防范意识，有效防止员工在网络使用和操作中出现安全漏洞和风险。

制定网络安全策略和规范、建立网络安全意识是保障企业网络安全的重要措施。企业应当充分认识到网络安全对企业发展的重要性，加强对网络安全问题的管理和监督，提高员工对网络安全的重视和理解，确保企业网络系统的稳定和安全，保护企业的重要数据和资产不受网络攻击的侵害。

2. 安全技术应用

保障企业网络安全是当前信息化时代中至关重要的一项任务。为此，企业需要制定全面的网络安全策略和规范，并应用各种安全技术和工具来提升网络安全防护能力，以防范网络攻击和数据泄露风险。通过这些措施，企业可以有效保护其重要数据和资产不受网络威胁的侵害。

制定网络安全策略和规范是确保网络安全的基础。企业应该建立详尽的网络安全政策，明确规定各种网络安全措施和操作流程，包括访问控制、数据加密、漏洞修补等方面的要求。这些规范旨在规范员工的网络行为，加强对网络资源的保护，从而降低网络安全风险。企业可以规定员工使用强密码，并定期更新密码；规定限制对敏感数据的访问权限，以防止未经授权的人员获取重要信息；规定加密传输敏感数据以防止数据泄露等。

使用安全技术和工具是提高网络安全防护能力的重要手段。企业可以采用各种安全技术和工具，如防火墙、入侵检测系统（IDS）、入侵防御系统（IPS）、虚拟专用网络（VPN）、数据备份等，来加强对网络的保护。防火墙可以过滤网络流量，阻止恶意攻击和未经授权的访问；IDS 和 IPS 可以监控网络流量，及时检测和阻止入侵行为；VPN 可以建立安全的网络通信通道，加密数据传输，保护数据安全；数据备份可以定期备份重要数据，以防止数据丢失或遭受勒索软件攻击。这些安全技术和工具的使用可以有效提升企业的网络安全防护能力，保障企业网络系统的稳定和安全运行。

除了制定网络安全策略和应用安全技术，企业还应建立网络安全意识，加强员工的网络安全教育和培训。员工是企业网络安全的第一道防线，他们的安全意识和行为举止直接影响着企业的网络安全。因此，企业应该定期组织网络安全培训和教育，提高员工对网络安全的认识和理解，教育他们如何正确使用企业网络、如何警惕网络威胁、如何应对网络安全事件。企业还可以通过模拟演练等方式，加强员工应对网络安全事件的能力和应变能力。通过这些举措，企业可以有效提高员工的网络安全意识，减少内部安全漏洞和人为失误，保障企业网络安全。

（二）网络安全管理

网络安全管理是当今企业管理中至关重要的一环。尤其在数字化时代，随着信息技术的迅速发展，网络安全问题日益凸显。为应对这一挑战，企业需建立健全的网络安全管理体系，其中包括安全事件响应机制、应急预案等关键组成部分。通过定期进行安全演练和检查，企业可以及时发现和解决网络安全问题，从而有效保障企业的信息资产和业务运作的安全。

建立网络安全管理体系是确保企业信息系统安全的基础。网络安全管理体系应该包括完整的组织结构、规章制度、技术手段和管理流程，以确保企业网络安全工作的有序开展和有效执行。在这一体系中，安全事件响应机制是至关重要的一部分。它能够确保企业在遭受网络攻击或安全漏洞时能够迅速、有效地响应，并采取相应的措施加以应对。应急预案则是应对网络安全事件的关键工具。它明确了在不同情况下应采取的具体措施和应急处理流程，有助于企业在面对网络安全威胁时做出迅速反应，最大限度地减少损失和影响。

定期进行安全演练和检查是保障网络安全管理体系有效性的重要工作。通过安全演练，企业可以模拟真实的网络安全事件场景，检验安全事件响应机制和应急预案的实际效果，并及时发现和弥补其中存在的不足之处。安全检查则有助于发现潜在的网络安全隐患和漏洞，并及时采取措施加以修复和强化，从而提升企业的网络安全防护能力。通过这些安全演练和检查，企业可以不断完善网络安全管理体系，提高网络安全防护水平，有效应对各类网络安全威胁和风险。

在建立网络安全管理体系的过程中，企业需要注意以下几个方面：首先，要充分重视网络安全管理工作，将其纳入企业整体管理体系，并给予足够的资源和支持。其次，要加强人员培训和意识教育，提高员工对网络安全的认识和重视程度，增强其应对网络安全事件的能力和意识。再次，要及时关注网络安全技术的发展和变化，不断更新和完善安全防护措施，以适应不断变化的网络安全威胁和攻击手段。最后，要加强与外部安全机构和专业团体的合作，分享安全信息和经验，共同应对网络安全挑战，共建安全、稳定的网络环境。通过以上努力，企业可以有效建立和管理网络安全，确保信息系统的安全稳定运行，为企业的发展保驾护航。

第三节　保险市场与企业风险转移策略

一、保险市场对企业的影响

企业保险市场对企业有着重要影响。保险市场提供了多样化的保险产品，包括财产保险、责任保险、人身保险等，帮助企业管理和转移各种风险。通过购买适当的保险产品，企业可以降低因意外损失或责任索赔而造成的经济损失，保障企业的经营稳定。保险市场的竞争性和创新性推动了保险产品和服务的不断改进和发展，满足了企业不同风险管理需求。保险市场还提供了重要的风险信息和评估工具，帮助企业更好地识别和评估潜在风险，制定有效的风险管理策略。但保险市场也会受到外部因素如自然灾害、经济周期等的影响，可能导致保险成本的波动和供给不足。因此，企业需要在保险市场的变化中灵活应对，综合考虑成本、保障范围和保险公司信誉等因素，选择合适的保险产品，最大限度地降低风险并保障企业的持续发展。

（一）保险市场的概述与作用

1. 保险市场概述

保险市场作为一个重要的金融市场，在现代经济中扮演着至关重要的角色。它是指保险公司及相关机构提供各类保险产品和服务的市场，为个人和企业提供了重要的风险管理和风险转移工具，其产品包含财产保险、人寿保险、健康保险等多种类型。在这个市场中，保险公司作为主体，通过与客户签订保险合同，承担了将来可能发生的不确定风险，从而为社会经济发展提供了重要的支持和保障。

保险市场的核心功能之一是风险管理。企业在经营过程中会面临各种各样的风险，如自然灾害、意外事故、经营风险等。保险市场则通过提供各种保险产品，帮助企业对这些风险进行有效管理。企业可以通过购买财产保险来保护企业资产免受火灾、水灾等自然灾害的损失，可以通过购买人寿保险来为员工提供意外身故或伤残的保障，还可以通过购买健康保险来保障员工的健康和医疗费用。这些保险产品有效地帮助企业规避风险，保护企业的经济利益，为企业的稳健发展提供了重要保障。

保险市场也扮演着风险转移的重要角色。企业在购买保险时，实际上是将未来可能发生的风险转移给了保险公司。保险公司作为风险承担者，承担了客户可能遭受的损失，为客户提供了财务上的保障和支持。这种风险转移的机制有助于降低企业的财务风险，提高企业的经营稳定性和抗风险能力。同时，保险市场也为投资者提供了一种多样化的投资渠道。保险公司通过收取保险费来形成保险资金池，一部分资金可以用于投资，包括购买股票、债券、房地产等，为社会提供了重要的长期资金支持。

另外，保险市场也推动了金融创新和市场竞争。随着经济的发展和金融科技的进步，保险产品和服务在不断创新和完善。随着大数据、AI 等技术的应用，保险公司可以更准确地评估风险和定价，开发出更具个性化和定制化的保险产品，互联网技术的发展也使保险销售和理赔更加便捷和高效。这种市场竞争和创新助推了保险市场的健康发展，提高了保险行业的服务水平和竞争力，为客户提供了更好的保险体验。

保险市场作为金融市场的重要组成部分，为个人和企业提供了重要的风险管理和风险转移工具。通过提供各种保险产品和服务，保险市场有效地帮助企业规避风险、保障经济利益，推动了经济的稳健发展和金融市场的健康发展。未来，随着经济全球化和数字化的进一步推进，保险市场将继续发挥重要的作用，为社会经济发展提供有力的保障和支持。

2. 风险转移功能

保险市场作为企业风险管理的重要组成部分，承担着风险转移功能。企业可以通过保险市场将部分风险转移给保险公司，从而降低企业的风险和损失。购买保险不仅能够提供财务保障，还能够减轻企业在意外事件发生时的财务压力，为企业的稳健经营提供有效的保障和支持。

保险市场为企业提供了多样化的保险产品和服务，其产品包含财产保险、人寿保险、健康保险等多种类型。企业可以根据自身的经营特点和风险需求选择适合的保险产品，从而实现对不同类型风险的有效转移。对于财产保险，企业可以购买火灾保险、盗窃保险等，以应对财产损失风险；对于人寿保险，企业可以购买寿险保单，为员工提供生存保障和家庭保障；对于健康保险，企业可以购买医疗保险，为员工提供医疗费用的支付保障。通过购买不同类型的保险产品，企业可以实现对多种风险的全面转移覆盖，降低风险带来的不确定性和损失。

保险市场的风险转移功能可以帮助企业分散风险，降低经营风险的集中度。企业在面对各种经营风险时往往承担着较大的压力，意外事件一旦发生，可能会给企业造成重大的财务损失和经营影响。通过购买保险，企业可以将部分风险转移给保险公司，降低企业自身承担的风险和损失。企业在面对自然灾害、人为破坏等财产损失风险时，可以通过购买财产保险将部分损失转移给保险公司，减轻企业的财务负担和经营风险。这种风险转移的机制可以有效分散企业的风险，减少风险对企业经营的冲击和影响，提高企业的经营稳定性和抗风险能力。

保险市场为企业提供了保险赔偿的服务，在企业遭受意外损失时提供财务补偿和支持。一旦企业购买了保险并发生了保险事故，保险公司将按照保险合同的约定向企业提供相应的赔偿，用于弥补企业因意外事件造成的经济损失。这种保险赔偿的服务能够有效减轻企业在意外事件发生时的财务压力，帮助企业尽快恢复正常经营，保障企业的稳健发展。同时，保险公司还可以提供专业的理赔和风险管理咨询服务，为企业提供全方位的保险服务和支持，提高企业的风险管理水平和能力。

保险市场的风险转移功能对企业的经营发展至关重要。通过购买保险，企业可以实现对各种风险的有效转移和管理，降低风险带来的不确定性和损失，提高企业的经营稳定性和抗风险能力。因此，加强对保险市场的理解和应用，合理规划和管理企业的保险需求，对于企业的长期发展具有重要意义。

（二）企业风险管理的重要组成部分

保险市场作为企业风险管理的重要组成部分，扮演着至关重要的角色。企业通过参与保险市场，选择适当的保险产品来规避和转移风险，从而有效降低面临的风险和损失。保险市场的不断发展和创新为企业提供了更多的选择和使企业更具有灵活性，使企业能够制定更全面、更有效的风险管理策略，从而更好地保护企业的利益和稳健发展。

保险市场为企业提供了重要的风险转移功能。企业面临各种各样的风险，包括自然灾害、财产损失、责任事故等，这些风险可能给企业带来巨大的经济损失和财务压力。通过购买相应的保险产品，企业可以将部分风险转移给保险公司，减少自身承担的风险和损失。企业可以通过购买财产保险来保障其固定资产免受损失，通过购买责任保险来保障其产品质量和服务质量，通过购买人身意外伤害保险来保障员工的安全和健康。通过这些保险产品的购买，企业可以获得保险赔偿，在遭受意外损失时减轻财务压力，保障企业的正常经营和发展。

保险市场的发展和创新为企业提供了更多选择和使企业更具有灵活性。随着社会经济的发展和科技的进步，保险产品的种类和形式不断丰富和更新，企业可以根据自身的实际情况和需求选择适合的保险产品。企业可以根据自身的风险特征和经营模式选择不同类型的保险产品，如财产保险、责任保险、人身保险等，以满足不同领域和不同层面的风险管理需求。同时，保险市场的创新也使企业更具有灵活性，企业可以通过定制化保险产品或风险管理方案来满足自身特定的风险管理需求，更好地适应市场变化和经营环境的挑战。

保险市场的发展和壮大有助于企业制定更全面、更有效的风险管理策略。随着保险市场的不断完善和健康发展，企业可以更加全面地了解市场上的保险产品和服务，评估各种风险管理方案的优劣，并根据自身的实际情况和需求选择最合适的风险管理策略。同时，保险市场的竞争和创新也促使保险公司不断提升服务质量和保险产品的品质，为企业提供更加可靠和高效的风险管理工具。通过进入保险市场，企业可以更好地应对各种风险挑战，保障企业的利益和稳健发展。

二、企业风险转移策略

企业风险转移策略是通过购买保险或签订合同等方式将潜在风险转移给第三方，包括通过购买财产保险、责任保险、业务中断保险等来转移财务风险，通过签订供应商合同、租赁合同等来转移合同风险，通过委托外包服务商处理特定业务来转移操作风险。通过风险转移，企业可以将风险分散给专业的保险公司或合作伙伴，减轻自身承担风险的压力。风险转移并非万能之策，企业仍需对风险进行全面评估，并考虑保险费用、合同条款等因素。风险转移并不意味着完全摆脱风险，企业仍需建立有效的风险管理体系，及时监控和应对风险，以保障企业的持续稳健发展。企业应根据具体情况制定合适的风险转移策略，并与其他风险管理措施相结合，以最大限度地降低潜在风险对企业的影响。

（一）保险选择与风险评估

1. 保险产品选择

企业在进行风险管理时，保险产品的选择至关重要。不同类型的保险产品涵盖了各种不同的风险，包括但不限于财产损失、法律责任、人身安全等。企业需要根据自身的业务特点、行业环境和风险暴露情况以及对未来风险的预期，来选择适合的保险产品，以最大限度地规避和转移风险，保障企业的稳健发展。

财产保险是企业风险管理中最基本的一种保险产品。财产保险主要用于保护企业在意外事件中可能遭受损失的财产，包括建筑物、设备、库存、原材料等财产。火灾、水灾、盗窃等意外事件可能导致企业财产损失，而财产保险可以为企业提供赔偿，帮助企业减少损失，保障企业正常经营。

责任保险也是企业风险管理中重要的一种保险产品。责任保险主要用于减少企业因法律责任引起的损失和费用。产品质量问题、意外伤害等可能导致企业被诉讼或索赔，而责任保险可以为企业提供赔偿，降低企业因此而承担的法律责任和经济损失。

商业保险也是企业风险管理中常用的保险产品之一。商业保险是一种综合性的保险产品，涵盖了财产保险、责任保险及其他类型的保险，可以为企业提供全方位的保障。企业可以根据自身的需求和风险特点选择适合的商业保险产品，以实现全面的风险管理和保障。

在选择保险产品时，企业需要进行综合评估和选择。企业需要对自身的风险暴露情况进行全面的分析和评估，了解自身可能面临的各种风险类型和潜在损失。企业需要根据自身的财务状况和承受能力，确定购买保险的金额和范围，确保保险产品能够为企业提供足够的保障。企业还需要对保险公司的信誉和服务质量进行评估，选择具有良好信誉和专业能力的保险公司，以确保保险合同的有效性和保障性。

企业在选择保险产品时需要综合考虑自身的风险情况、财务状况，以及保险公司的信誉和服务质量，选择适合的保险产品，以最大限度地规避和转移风险，保障企业的稳健发展。

2. 风险评估与管理

风险评估与管理是企业在选择保险产品时必须重视的环节。在现代商业环境中，企业面临着各种潜在的风险，包括自然灾害、市场波动、法律诉讼等，这些风险可能给企业带来严重的经济损失和使业务中断。因此，通过对风险进行评估和管理，企业能够更好地了解可能面临的风险和损失情况，并建立健全的风险管理体系，提高风险应对能力，保障企业的持续稳健发展。

风险评估是选择保险产品的重要前提。企业在选择保险产品之前，需要对企业面临的各类风险进行全面评估和分析。这包括对企业的业务模式、行业特点、市场环境等方面进行分析，识别可能影响企业经营的各种风险因素。通过风险评估，企业能够了解各种风险的发生概率、影响程度和可能带来的损失情况，从而更好地选择适合企业实际情况的保险产品，为企业的风险管理提供有效保障。

建立健全的风险管理体系是确保企业风险管理工作顺利开展的重要保障。风险管理体系应包括预防措施、风险监控和应急处理方案等内容。预防措施是通过加强内部控制、优化业务流程、提升员工培训等方式，降低风险发生的可能性。风险监控则是通过建立监控机制和指标体系，及时发现和评估风险，确保风险管理工作的及时性和有效性。应急处理方案则是在风险事件发生时，采取相应的应对措施，最大限度地减少损失和影响，保障企业的正常运营。通过建立健全的风险管理体系，企业能够提高对风险的识别和应对能力，有效应对各类风险挑战，保障企业的长期发展和稳定经营。

风险评估与管理对企业的重要性不言而喻。通过对风险进行全面评估和分析，企业能够更好地选择适合企业实际情况的保险产品，为企业的风险管理提供有效保障。同时，建立健全的风险管理体系，提高对风险的识别和应对能力，有助于企业在面对风险挑战时保持稳健发展，实现长期成功。因此，企业应该重视风险评估与管理工作，将其纳入企业的日常经营管理，以提升企业的竞争力和抗风险能力。

（二）保险合同谈判与条款审查

保险合同谈判与条款审查是企业与保险公司签订保险合同时的关键环节，对于确保企业获得全面有效的保险保障至关重要。在签订保险合同时，企业需要谨慎审查合同条款，充分了解保险责任、赔偿范围、免赔额等内容，并进行合理的谈判和条款调整，以确保保险合同符合企业的实际需求和保证企业的实际利益，保障企业在面临风险时能够获得及时有效的理赔服务。

企业在与保险公司进行保险合同谈判时，应重点关注保险责任和赔偿范围等核心内容。保险责任是保险公司在保险合同中明确承担的赔偿责任范围，企业需要确保保险责任覆盖了企业可能面临的各类风险和损失，并且赔偿范围明确清晰。在谈判过程中，企业可以根据自身风险情况和保险需求，就保险责任和赔偿范围进行适当的调整和完善，确保保险合同的全面性和有效性。

企业需要注意保险合同中的免赔额和免赔条款等细则。免赔额是指保险合同中规定的企业在发生保险事故时需自行承担的部分损失金额，超过该金额部分由保险公司负责赔偿。企业在谈判保险合同时应根据自身财务实力和风险承受能力，合理确定免赔额的大小，并就免赔条款的具体内容进行细致审查和调整，确保企业在实际理赔时能够获得最多赔偿。

企业还应关注保险合同中的其他重要条款，如保险费率、保险期限、理赔程序等。保险费率是企业购买保险时需要支付的保险费用比例，企业应确保保险费率合理公平，不会过高或过低；保险期限是指保险合同的有效期限，企业需根据自身需要和风险情况确定保险期限，并注意保险合同中关于续保和解除合同的相关规定；理赔程序是企业在发生保险事故后需要按照保险合同规定向保险公司提出理赔申请的具体流程，企业应清楚了解理赔程序的相关规定，并确保能够及时准确地提供理赔资料和信息，以便顺利获得理赔服务。

保险合同谈判与条款审查是企业购买保险过程中的重要环节，企业应充分重视并采取积极措施，确保保险合同符合自身实际需求和利益，为企业在面临风险时提供全面有效的保险保障。通过谈判和审查保险合同，企业可以最大限度地保障自身的财产安全和利益，提高风险应对的能力和效率。

第六章　战略财务管理与企业发展

第一节　战略规划与财务决策

一、战略规划与财务决策的内容

战略规划与财务决策密切相关。战略规划确定企业长期目标和发展路径，财务决策则支持实现这些目标。财务决策为战略规划提供资金支持，确保实施战略计划的资金需求得到满足。财务决策评估投资回报率、风险和资本成本，为战略选择提供经济基础和风险评估。财务决策也与战略规划密切相关。制定财务目标和绩效指标，是用来衡量战略实施的效果和成果。战略规划和财务决策相辅相成，共同推动企业实现长期发展目标。有效的战略规划需要财务决策的支持和指导，而财务决策也需要与战略规划紧密结合，以确保资金的有效配置和最大化利用，从而实现企业的长期发展。

（一）战略目标与财务目标

1. 战略目标的确定

战略目标的确定是企业制定长期发展规划的重要环节。在战略规划过程中，企业需要明确自身的市场定位、产品战略、竞争策略等，以确保企业在未来能够实现持续发展和保持竞争优势。财务决策在这一过程中起着至关重要的作用，这是因为财务目标需要与企业的战略目标相一致，共同为企业的长期发展提供支持和保障。

确定战略目标需要对企业的内外部环境进行全面的分析和评估。企业需要了解市场的发展趋势、竞争对手的情况以及自身的优势和劣势，以便确定适合企业发展的战略方向和目标。在这一过程中，需要充分考虑市场定位、产品战略和竞争策略等因素，确保企业的战略目标具有可行性和可持续性。

财务决策应与战略目标相一致，财务目标需要与企业的战略目标相匹配。这意味着企业在制定财务目标时，应考虑企业的长期发展规划和战略目标，确保财务目标能够支持和促进企业战略目标的实现。如果企业的战略目标是扩大市场份额并提升产品品质，那么财务目标就应该包括增加营收、提高利润率、增加投资等，以支持企业在产品研发、市场推广等方面的投入。

同时，财务目标的制定还需要考虑企业的风险承受能力和资金状况。企业在实现战略目标的过程中可能面临各种风险和挑战，财务目标应该合理设定，考虑企业的风险偏好和资金实力，确保企业能够在风险可控的情况下实现长期发展目标。

财务目标的达成需要与企业的绩效评估和监控相结合。企业应建立有效的绩效评估体系，及时监测和评估财务目标的实现情况，并根据实际情况调整和优化财务决策，以确保企业能够朝着战略目标稳步前进。

财务决策在企业战略规划和目标确定过程中具有重要意义。财务目标需要与企业的战略目标相一致，共同服务于企业的长期发展。只有通过合理制定财务目标，并与战略目标相匹配，企业才能在竞争激烈的市场环境中保持竞争优势，实现长期稳健发展。

2. 财务目标的设定

财务目标的设定是企业财务决策的核心内容之一，直接关系企业的财务运作、资金管理及长期发展。在制定财务目标时，企业需要考虑自身的战略定位、市场环境及未来发展方向，确保财务目标与企业的战略目标相一致，共同服务于企业的长期发展。因此，财务目标的设定不仅需要充分考虑企业内外部环境因素，还需要结合实际情况制定具体、可行的目标，以支持企业实现其战略愿景和目标。

财务目标的设定应与企业的战略定位相匹配。企业的战略定位是企业长期发展的总体方向和目标，包括市场定位、产品战略、竞争策略等方面。在确定财务目标时，企业应该综合考虑其战略定位，明确财务目标应该支持和服务于企业的战略目标。如果企业的战略定位是高端市场，那么财务目标可能会侧重于提高产品质量、加大营销投入等方面，以支持企业在高端市场保持竞争优势。

财务目标的设定应考虑市场环境和竞争态势。市场环境的变化和竞争态势的不断演变会对企业的财务运作产生影响，因此企业在设定财务目标时应该充分考虑市场环境的变化和竞争态势的变化趋势。如果市场竞争加剧，企业可能需要调整财务目标，加大市场投入力度，提高产品差异化竞争优势，以应对激烈的市场竞争。

财务目标的设定应具体可行、可量化。财务目标需要具体明确，能够量化和可衡量，以便企业能够根据目标的完成情况进行评估和调整。利润增长可以通过设定年度利润增长率来量化，资产回报率可以通过设定资产收益率来量化，现金流可以通过设定年度现金流入流出量来量化。这样一来，企业能够更好地监控和评估财务目标的完成情况，及时调整财务决策，确保财务目标的实现。

财务目标的设定是企业财务管理的重要内容，财务目标需要与企业的战略目标相一致，充分考虑市场环境和竞争态势的变化，同时需要具体可行、可量化。通过合理制定财务目标，企业能够更好地实现其战略目标，提高竞争力，保持持续发展。

（二）战略与财务的协调

战略与财务的协调在企业管理中至关重要。战略规划和财务决策需要保持一致，确保财务目标与企业的长期战略目标相匹配和相互支持。财务管理应根据战略规划制定相应的财务策略和措施，以保证财务资源的有效利用，实现战略目标。

战略规划是企业长期发展的蓝图，涉及企业的市场定位、产品发展、竞争策略等方面。在进行战略规划时，企业需要综合考虑内外部环境的变化和趋势，明确企业未来的发展方向和目标。这些战略目标可能涉及市场份额的提升、产品创新的推进、国际市场拓展等。在确定这些战略目标时，企业需要充分考虑企业的核心竞争力、资源配置情况以及市场需求等因素，确保战略目标的可行性和有效性。

财务目标的设定应当与企业的战略目标保持一致。财务目标涉及企业的盈利能力、资产利用效率、现金流管理等方面。在制定财务目标时，企业应该充分考虑企业的战略规划，确保财务目标能够支持和服务于战略目标。如果企业的战略目标是市场份额的提升和产品创新，那么财务目标可能涉及增加营业收入、提高产品利润率等方面。通过与战略目标保持一致，财务目标能够更好地引导企业的财务决策和资源配置，实现战略规划的有效执行。

另外，财务管理应根据战略规划制定相应的财务策略和措施。财务策略涉及资金筹集、资本结构优化、成本控制、投资决策等方面。在制定财务策略时，企业应根据战略规划的具体要求和目标，合理配置财务资源，降低财务风险，提高财务效益。如果企业的战略目标是扩大市场份额，那么财务策略可能涉及加大市场营销投入、增加产品研发投资等方面。通过财务策略的制定和实施，企业能够更好地支持战略目标的实现，提升企业的竞争力和盈利能力。

战略与财务的协调是企业长期发展的关键。企业应确保财务目标与战略目标相一致，并根据战略规划制定相应的财务策略和措施，以实现战略目标并保障企业的可持续发展。只有战略与财务相互协调配合，企业才能在竞争激烈的市场环境中取得长期发展。

二、战略规划与财务决策之间的关系

战略规划与财务决策密切相关，相互影响。战略规划确定企业长期目标和发展方向，财务决策则支持实现这些目标。战略规划指引财务决策，如确定投资重点、资本预算、资金筹集等，以支持实现战略目标。财务决策反馈到战略规划中，如财务表现评估、利润分配、风险管理等，可以帮助企业调整战略方向和目标。战略规划与财务决策在资源配置上相互协调，确保企业在战略实施过程中资金、人力和时间的有效利用。战略规划和财务决策的协调对企业长期价值创造起促进作用，使企业能够适应市场变化、保持竞争优势。因此，企业应将战略规划与财务决策紧密结合，形成有机统一的管理体系，以实现可持续的业务增长和保持长期竞争力。

（一）资源配置与投资决策

资源配置与投资决策是企业管理中至关重要的环节。战略规划确定了企业的发展方向和重点领域，而财务决策则需要在众多投资项目中选择合适的项目，以支持并实现战略目标。财务管理在这一过程中扮演着关键角色，需要进行投资项目评估和风险分析，选择符合战略规划要求且具有良好回报率的投资项目。

战略规划为企业提供了发展的总体方向和目标。在制定战略规划时，企业需要考虑内外部环境的变化和趋势，明确企业的核心竞争力和未来发展方向。这些战略规划涉及市场扩张、产品创新、技术升级等方面，旨在提升企业的竞争力和市场地位。

财务决策需要在战略规划的指导下选择合适的投资项目。企业可能面临各种类型的投资项目，涉及新产品开发、市场扩张、技术升级、并购收购等。在选择投资项目时，企业需要综合考虑项目的风险与收益、投资回报周期、市场需求、竞争环境等因素，以确保投资项目与战略规划相一致并具有良好的经济效益。

财务管理在资源配置与投资决策过程中扮演着重要角色。财务部门需要进行投资项目的评估和分析，包括财务指标的测算、投资回报率的估算、风险评估等。通过对投资项目全面分析，财务部门可以为企业提供决策支持，帮助企业选择符合战略规划要求且具有良好回报率的投资项目。

财务管理需要有效地管理投资项目的资金使用和资金流动。一旦投资项目确定，财务部门需要确保资金的及时、有效配置，以支持项目的顺利实施和运作。同时，财务部门还需要对投资项目的资金使用情况进行监控和控制，确保资金的安全性和合理性。

资源配置与投资决策是企业实现战略目标的关键步骤。财务管理在这一过程中扮演着重要角色，需要进行投资项目评估和风险分析，选择符合战略规划要求且具有良好回报率的投资项目。只有通过有效的资源配置和投资决策，企业才能实现长期稳健的发展。

（二）资金筹措与运用

资金筹措与运用是企业财务决策中至关重要的环节。在战略规划确定了企业发展的资金需求之后，财务管理需要通过合理的资金筹措方式来满足这些需求，并且在资金运用方面确保资金的有效利用，以支持战略规划的顺利实施。

资金筹措是财务决策的首要任务。根据企业的战略规划和发展需要，财务管理需要确定合适的资金筹措方式，以满足企业的资金需求。常见的资金筹措方式包括股权融资、债务融资、自筹资金等。在选择资金筹措方式时，财务管理需要考虑企业的资金成本、风险承受能力、财务结构等因素，以确保资金筹措的合理性和有效性。对于成长期较长的企业，可以考虑通过股权融资来获得更多的资金支持，而对于盈利稳定的企业，则可以选择债务融资来降低资金成本。

资金运用是财务决策的关键环节。一旦资金筹措到位，企业需要将资金用于支持战略规划的实施，实现预期的业务增长和效益提升。在资金运用方面，财务管理需要根据战略规划和财务目标，制订相应的资金运用计划，合理配置资金资源，确保资金的高效利用。这包括投资项目的选择、资本支出的管理、现金流的优化等方面。企业应根据投资项目的预期回报率、风险水平等因素，选择符合战略规划要求且具有良好回报率的投资项目。

第二节　资本结构优化与企业战略一致性

一、资本结构优化

资本结构优化是指企业通过调整资本的组成和结构，以最大化股东价值和降低资金成本。优化资本结构可以通过多种方式实现，包括调整债务和股权比例、优化债务种类和期限、降低财务杠杆比率等。债务资本通常具有税收优势和固定利率，但增加了偿债风险；股权资本则降低了财务杠杆比率，但增加了股东的风险和成本。资本结构优化需要考虑企业的经营风险、行业特征、市场条件和股东偏好等因素，以实现最佳的资本结构配置。通过合理的资本结构优化，企业可以降低资金成本、提高企业价值、增强财务灵活性，从而提升竞争力并实现可持续发展。

（一）资本结构分析与评估

资本结构分析与评估在企业财务管理中扮演着重要角色。通过对企业的财务状况进行全面评估，包括偿债能力、盈利能力、资产负债比率等指标的分析，可以全面了解企业的财务健康状况，为资本结构的优化提供依据和方向。

偿债能力是资本结构分析中的重要指标之一。企业的偿债能力体现了企业在应对债务到期时的能力。一般来说，偿债能力越强，企业面临的财务风险就越小。常用的偿债能力指标包括流动比率、速动比率、现金比率等。通过对这些指标进行分析，可以评估企业在面对突发事件或者市场波动时的偿债能力，为资本结构的优化提供重要依据。

盈利能力是资本结构分析的另一个重要指标。企业的盈利能力直接影响着企业的资本结构优化。盈利能力指标包括净利润率、毛利润率、营业利润率等。通过对这些指标进行分析，可以全面评估企业的盈利能力水平，判断企业的经营状况和盈利潜力，从而为资本结构的调整提供指导。

资产负债比率也是资本结构分析的关键指标之一。资产负债比率反映了企业的资产负债情况，是评价企业财务健康状况的重要指标之一。资产负债比率包括资产负债率、长期负债比率、权益比率等。通过对这些指标进行分析，可以判断企业的财务杠杆水平，评估企业的财务风险和偿债能力，为资本结构的优化提供重要依据。

资本结构分析与评估是企业财务管理中至关重要的一环。通过对企业的偿债能力、盈利能力、资产负债比率等指标进行全面评估，可以全面了解企业的财务健康状况，为资本结构的优化提供依据和方向。只有确保企业财务健康，合理优化资本结构，企业才能实现持续稳健发展。

（二）风险承受能力

资本结构的优化和调整对于企业的长期发展至关重要。在进行资本结构分析与评估时，首先需要考虑企业的风险承受能力，包括对企业在特定行业竞争环境和市场变化下所能承受的最大财务风险程度进行分析和评估。通过充分了解行业竞争格局、市场需求和宏观经济环境等因素，企业可以更准确地确定其风险承受能力，并为优化资本结构设定合理的目标提供依据和方向。

企业的风险承受能力直接影响着资本结构的构建和调整。在分析风险承受能力时，首先需要综合考虑企业的财务状况，涉及偿债能力、盈利能力及资产负债比率等指标。这些指标反映了企业在面对外部风险时的抵御能力和应对能力，对于评估企业的风险承受能力具有重要意义。如果企业具有较强的盈利能力和现金流稳定性，其风险承受能力可能较高；相反，如果企业负债较重，偿债能力较弱，则其风险承受能力可能相对较低。

除了财务指标，行业竞争环境和市场变化等因素也需要在考虑范围内。不同行业面临的市场竞争程度不同，市场需求和供给关系也会影响企业的风险承受能力。在分析风险承受能力时，企业需要对行业的发展前景、市场份额、竞争格局等进行全面评估，以便更准确地确定企业在不同市场环境下所能承受的财务风险程度。

确定企业的风险承受能力可以为优化资本结构设定目标提供指导。资本结构的优化旨在平衡企业的财务风险和成本，提高企业的价值和竞争力。在设定资本结构优化目标时需要考虑企业的风险承受能力，确保资本结构调整不会对企业的财务稳定性和发展前景造成负面影响。通过合理设定资本结构优化目标，企业可以更好地利用内部和外部资源，提高财务效率和盈利能力，为企业的长期发展奠定坚实的基础。

分析企业的风险承受能力是优化资本结构的重要前提。全面考虑行业竞争环境、市场变化和企业自身财务状况等因素，确定企业可以承受的最大财务风险程度，为优化资本结构设定合理的目标和方向，有助于企业提升财务稳定性和竞争力，实现长期可持续发展。

二、企业战略与资本结构一致性

企业战略与资本结构一致性是指企业资本结构的构建与其战略目标和经营特点相匹配。合理的资本结构应该支持企业的战略方向和目标，以实现最优的资金利用和长期价值创造。如果企业的战略是追求稳健增长和市场份额扩张，那么资本结构可能偏向于稳健型，以降低财务风险，保持足够的流动性和偿债能力。相反，如果企业的战略是加速扩张和市场创新，可能会选择更多的股权融资，以支持资本投入和业务扩张。因此，企业在制定资本结构时应考虑其战略定位、行业特点、市场环境等因素，确保资本结构与企业战略相一致，并能够支持企业长期发展。维持企业战略与资本结构的一致性有助于提高企业的竞争力和盈利能力，增强企业的稳健性和抗风险能力，促进持续的业务增长和价值创造。

（一）业务发展规划

业务发展规划是企业实现长期发展的关键步骤之一，其核心在于制订市场扩张计划，并通过合理配置资金和资源来支持战略发展目标。通过这一过程，企业能够更好地应对市场竞争和变化，实现收入增长和资本结构改善的目标。

在制订市场扩张计划时，企业需要对市场进行全面的分析和评估，包括对市场规模、增长趋势、竞争格局、客户需求等方面进行深入了解，以确定市场扩张的机会和潜在风险。在此基础上，企业可以制定市场扩张的具体目标和策略，包括开拓新的市场领域、推出新的产品或服务、提升品牌影响力等。通过市场扩张，企业可以实现业务规模的扩大，增加收入来源，提升市场竞争力。

合理配置资金和资源是实现市场扩张计划的关键。企业需要根据市场扩张的具体需求和目标，合理确定资金投入的规模和方向，包括对资金来源、资金用途、资金回报等方面进行全面考虑和规划，以确保资金的有效利用和最大化效益。同时，企业还需要合理配置人力资源、物质资源和技术资源等，提升生产和服务能力，支持市场扩张计划的顺利实施。

另外，通过资源配置的合理性，企业可以增加收入来源，改善资本结构。通过市场扩张和业务发展，企业可以拓展新的收入来源，减少对单一业务或市场的依赖，降低经营风险。同时，合理配置资金和资源，可以优化企业的资本结构，提高资产的流动性和盈利能力，增强企业的财务稳健性和抗风险能力。

业务发展规划是企业实现长期发展的基础和保障，其核心在于制订市场扩张计划，并通过合理配置资金和资源来支持战略发展目标。通过市场扩张和合理资源配置，企业可以实现收入增长、资本结构改善等目标，提升企业的竞争力和长期发展潜力。

（二）长期发展规划

长期发展规划是企业实现可持续发展的关键战略之一。在制定长期发展规划的过程中，企业需要综合考虑内外部环境的变化、行业趋势以及自身资源和能力等因素，以确定未来发展的方向和目标，并制定相应的战略。资本结构作为企业财务管理的重要方面，必须与企业的长期发展规划相一致，以支持企业的战略目标和使企业实现长期价值的增长。

企业应当充分考虑长期发展规划的内容和目标，以确定资本结构的调整方向和重点。长期发展规划涉及企业的市场定位、产品和服务布局、技术创新、人才培养等方面，而资本结构的调整需要与这些方面相互配合，以确保资本的有效运用和企业价值的最大化。如果企业的长期发展规划是通过技术创新和产品升级来提升市场竞争力，那么在资本结构方面可能需要增加对研发投入的支持，以提高企业的创新能力和产品质量；如果企业的长期发展规划是通过市场扩张和并购来实现增长，那么在资本结构方面可能需要增加对投资和融资的支持，以支持企业的扩张和并购活动。

企业应当根据长期发展规划的不同阶段和发展需求，灵活调整资本结构，以满足未来发展的需要。长期发展规划是一个动态的过程，企业在实施过程中可能会面临各种挑战和机遇，需要不断调整和优化资本结构，以适应外部环境的变化和内部发展的需要。当企业处于快速扩张阶段时，可能需要通过增加股权融资或债务融资来支持扩张活动，以满足资金需求；当企业处于成熟阶段时，可能需要通过减少负债或增加股本回报来优化资本结构，以提高企业的盈利能力和资本回报率。

企业应当确保资本结构与企业战略目标相一致，以提升企业的竞争力和持续发展能力。资本结构是企业长期发展的基础，必须与企业的战略目标相一致，以支持企业战略的实施和实现。如果企业的战略目标是追求稳健增长和长期价值增长，那么资本结构可能需要更加注重稳定性和长期性，减少负债和降低财务风险；如果企业的战略目标是追求快速扩张和市场领先地位，那么资本结构可能需要更加注重灵活性和创新性，增加股权融资和债务融资，以支持企业的扩张和并购活动。

企业在制定长期发展规划的同时，必须重视资本结构的调整和优化，以确保资本结构与企业的战略目标相一致，支持企业的长期发展和持续增长。通过合理调整资本结构，企业可以更好地应对外部环境的变化和内部发展的需要，提升竞争力和持续发展能力，实现长期价值的增长。

第三节　收购与兼并的财务管理实践

一、收购与兼并前的财务管理实践

收购与兼并是企业扩张和企业长期价值增长的重要策略，财务管理在其中扮演着关键角色。财务尽职调查对确定收购目标的价值和风险至关重要，以确保合理定价和准确评估潜在风险。财务管理需要考虑资金来源和结构，选择合适的融资方式，平衡收购成本和资金成本。接着，在整合阶段，财务管理需要有效管理合并后的资产、负债和现金流，实现业务整合和协同效应，最大化收购的价值。财务管理还需要处理财务报告和税务事务等方面的合规性问题，确保收购符合相关法律法规。财务管理在收购与兼并中起着至关重要的作用，通过合理规划和有效执行，有助于实现收购目标的财务目标，提升企业价值和竞争力。

（一）收购与兼并前的财务准备

在进行收购与兼并前，企业需要进行充分的财务准备工作，以确保交易的顺利进行和未来业务整合的成功。在这个过程中，对目标公司进行财务评估和估值是至关重要的，以便确定合理的收购价格和交易条件。同时，结合市场情况、行业发展趋势等因素，制定财务管理策略和制订业务整合计划，有助于提升企业在收购与兼并后的竞争力和持续发展能力。

进行财务评估和估值是收购与兼并前的重要准备工作之一。通过对目标公司的财务状况、经营绩效、资产负债情况等方面进行全面的评估和分析，企业可以更准确地了解目标公司的价值和潜在风险。在财务评估和估值过程中需要考虑财务报表分析、财务比率评估、现金流量分析等多方面的指标和因素，以确保评估结果的客观和可靠。在确定收购价格和交易条件时，企业需要综合考虑目标公司的估值结果、市场竞争情况、未来发展潜力等因素，制定合理的收购策略和交易结构，以最大限度地实现收购价值和利益。

制定财务管理策略和业务整合计划是收购与兼并前的另一个关键步骤。在进行收购与兼并时，企业需要考虑财务管理的各个方面，包括资本结构优化、财务资源配置、财务风险管理等内容。结合目标公司的业务模式和发展阶段，企业应制定相应的财务管理策略，以确保收购后能够实现资源整合和价值创造。为了顺利实现业务整合，企业还需要制订详细的业务整合计划，包括组织结构调整、人员安排、业务流程优化等方面的内容，以确保收购后的业务运营能够顺利进行并实现预期的效益。

收购与兼并前的财务准备还需要关注市场情况和行业发展趋势等外部因素。企业需要对市场的竞争格局、行业的发展趋势及政策法规等方面进行深入的分析和研究，以做出正确的决策和制定有效的战略规划。同时，企业还应关注金融市场的变化和风险，合理应对金融市场波动对收购与兼并的影响，确保收购交易的顺利进行和风险的有效控制。

收购与兼并前的财务准备是企业成功实施收购与兼并的关键步骤之一。通过进行财务评估和估值、制定财务管理策略和制订业务整合计划，以及关注市场情况和行业发展趋势等方面的工作，企业可以更好地应对收购与兼并过程中的各种挑战和风险，实现收购与兼并的预期目标和效益。

（二）资金筹措与融资安排

资金筹措与融资安排是企业进行收购活动时的关键环节，直接关系收购资金的来源和使用情况，对于收购项目的顺利进行和后续经营的稳健发展至关重要。在确定收购资金来源（包括自有资金、银行贷款、股权融资等方式）时，企业需要综合考虑多种因素，以确保资金来源的多样性和充足性。同时，企业还需要合理安排融资结构和制订资金使用计划，确保收购资金的充足和合理利用，提高企业的财务灵活性和经营效率。

确定收购资金来源是收购活动的首要任务之一。企业可以考虑利用自有资金进行收购，包括公司内部积累的利润和资产处置等方式，以降低融资成本和财务风险。企业可以通过银行贷款的方式融资，包括短期贷款、长期贷款、信用贷款等，以满足收购活动中的资金需求。企业还可以考虑通过股权融资的方式融资，包括发行股票、增发股票、引入战略投资者等，以扩大股东基础、增加资本金，提高企业的融资能力和资本实力。

企业需要合理安排融资结构和制订资金使用计划，确保收购资金的充足和合理利用。在安排融资结构时，企业应综合考虑财务成本、风险承担能力、股权结构等因素，选择合适的融资方式和融资工具，以降低融资成本和财务风险。在资金使用计划方面，企业应根据收购项目的具体情况和发展规划，合理规划资金的使用方向和时间节点，确保资金的合理配置和有效利用，提高企业的资金利用效率和经营效益。

企业在进行资金筹措与融资安排时，还需要注意以下几点：首先，要注重风险管理和控制，及时监测和评估融资风险，制定有效的风险管理策略和应对措施，降低融资风险对企业的影响。其次，要加强与金融机构和投资者的沟通与合作，积极寻求融资支持和资源共享，为企业的资金筹措和融资安排提供更多选择和便利。最后，要加强内部管理和监督，建立健全的资金管理制度和内部控制体系，加强对资金使用情况的监督和审计，确保资金使用的合法性和规范性。

资金筹措与融资安排是企业进行收购活动时的关键环节，企业应综合考虑多种融资方式和渠道，合理安排融资结构和制订资金使用计划，确保收购资金的充足和合理利用，为企业的长期发展和经营活动提供有力的财务支持和保障。

二、收购与兼并后的财务管理实践

收购与兼并后的财务管理实践包括整合财务报告、资金管理、成本优化和风险管理等方面。整合财务报告涉及合并财务报表、统一会计政策和报告标准，确保财务信息的准确性和一致性。资金管理要求合并后的企业有效管理资金流动、优化资金结构，并整合现金流管理和资金预测。成本优化需要通过合并实现规模效益和资源整合，降低成本、提高效率，实现业务整合的经济利益。风险管理要求识别和评估合并带来的风险，制定相应的风险管理策略和应对措施，保障合并后企业的财务稳健。收购与兼并后的财务管理实践需要全面考虑合并带来的影响，加强沟通和协调，确保合并后企业的财务管理能够支持业务整合和持续发展。

（一）财务整合与重组

企业在进行收购与兼并前需要做好充分的财务准备工作，涉及对目标公司的财务情况进行评估和估值，以确定合理的收购价格和交易条件。同时，结合市场情况和行业发展趋势等因素，还需要制定财务管理策略和制订业务整合计划，以确保收购与兼并的顺利进行，并最大化地实现合并后的经济效益。

对目标公司进行财务评估和估值是收购与兼并前的重要工作。通过财务评估，企业可以全面了解目标公司的财务状况、经营业绩和价值情况，包括资产负债状况、盈利能力、现金流状况等。在进行财务评估时，需要综合考虑多种财务指标和方法，如财务比率分析、现金流折现法、市场比较法等，以确保评估结果的准确性和可靠性。同时，还需要注意对目标公司的未来发展潜力和风险进行分析和预测，以更好地确定收购价格和交易条件，为收购与兼并提供合理的财务基础。

制定财务管理策略和制订业务整合计划是收购与兼并前的另一项重要工作。财务管理策略涉及如何合理配置资金和资源，以最大限度地提升企业价值和竞争力。在制定财务管理策略时，需要综合考虑企业的战略目标、财务状况和市场环境等因素，制定合适的资本结构、资金运作和投资策略，以确保企业能够实现长期的持续发展和长期业务增长。业务整合计划则涉及如何有效整合两个企业的业务和资源，实现业务协同和价值创造。在制订业务整合计划时，需要充分考虑两个企业的业务模式、文化背景和员工团队等因素，制定合适的整合策略和措施，以最大限度地降低整合风险，实现整合后的经济效益和战略目标。

财务整合与重组是收购与兼并过程中的重要环节，企业需要在收购与兼并前做好充分的财务准备工作，包括对目标公司的财务评估和估值，以及制定财务管理策略和制订业务整合计划。通过合理的财务准备和规划，企业可以有效地降低收购与兼并过程中的风险，提高合并后的企业竞争力和持续发展能力，实现企业价值的最大化。

（二）财务业绩管理

财务绩效管理是企业并购后的重要任务之一。企业通过制定并执行合并后的财务业绩管理措施，能够有效监控财务绩效和盈利能力，及时发现和解决财务问题，实现并购后的财务目标和预期业绩。在实施财务业绩管理措施时，企业需要综合考虑多个方面因素，确保合并后的财务运营顺利、高效、可持续。

制定合并后的财务业绩管理指标是财务绩效管理的基础。在制定财务业绩管理指标时，企业应综合考虑企业整体战略目标、业务特点、市场环境等因素，确保财务业绩管理指标与企业战略目标和经营情况相匹配。这些指标可以包括财务指标（如利润率、资产回报率等）、经营指标（如销售增长率、市场份额等）、风险指标（如负债比率、流动比率等）等，以全面评估企业的财务绩效和盈利能力。

建立有效的财务绩效监控机制是确保财务业绩管理有效执行的关键。企业可以借助财务软件系统等工具，实时监控财务数据和业绩指标的变化情况，及时发现异常和问题，并采取相应的措施进行调整和改进。同时，企业还可以建立定期报告制度，定期向管理层和股东汇报财务绩效情况，加强对财务业绩的监督和管理。

加强内部控制和风险管理是保障财务绩效稳定的重要手段。企业可以建立健全的内部控制体系，包括制度规范、流程管控、权限分配等方面的制度，确保财务业务的合规性和准确性。同时，企业还应加强风险管理，及时识别、评估和应对各类财务风险，降低财务业绩受到的不利影响。

持续优化财务业绩管理措施是确保企业财务绩效持续提升的关键。企业应根据财务业绩管理的实际情况和效果，不断总结经验教训，优化管理措施和流程，提高管理效率和精细化程度。同时，企业还应该关注市场和行业的变化，灵活调整管理策略和业务模式，以适应外部环境的变化，保持财务业绩的持续增长和企业的稳定发展。

财务业绩管理是企业并购后的重要工作。企业通过制定并执行合并后的财务业绩管理措施，能够有效监控财务绩效和盈利能力，及时发现和解决财务问题，实现并购后的财务目标和预期业绩。企业应加强财务绩效管理，建立有效的监控机制和内部控制体系，持续优化管理措施，确保财务业绩的持续提升和企业的稳定发展。

第四节　创新融资模式与企业成长战略

一、创新融资模式对企业成长的影响

创新融资模式对企业成长有着重要影响。新型融资模式如风险投资、众筹、债务融资等为企业提供了多样化的资金来源，加速了企业的发展。风险投资提供了资金和战略支持，帮助创新型企业快速扩张和进入新市场。众筹则通过社会化融资方式为中小企业提供了更广泛的融资渠道，降低了融资门槛，促进了创业和创新。债务融资则可以帮助企业获取相对稳定的资金，降低融资成本，有利于企业扩大规模和提升生产能力。创新融资模式也带来了新的挑战，如风险投资可能导致企业控制权的流失，众筹项目的成功并不总是可靠的，债务融资需要承担一定的偿债风险。因此，企业在选择和应用创新融资模式时，需要谨慎评估风险和收益，并结合自身发展阶段和战略目标，灵活运用各种融资方式，实现持续成长。

（一）新型融资模式的概述与作用

随着经济全球化和科技进步，新型融资模式日益受到关注，其中风险投资作为一种重要的融资方式，可以为高成长性、高风险的企业提供资金支持，以换取股权或未来收益。风险投资的出现为企业带来了新的融资途径和发展机会，通过这种方式，企业可以获得大额资金注入，推动企业快速扩张和发展，使企业加速实现成长战略目标。

风险投资的作用是多方面的。风险投资为创新型企业提供了资金支持。创新是推动经济增长和社会进步的重要动力，然而创新型企业往往面临较高的风险和不确定性，传统的融资方式难以满足其资金需求。而风险投资机构通常愿意承担较高的风险，向具有创新能力和市场潜力的企业提供资金支持，帮助其实现产品研发、市场推广和商业化等，推动新技术和新产品的研发和应用，促进经济结构的优化和产业升级。

风险投资为成长型企业提供了发展机会。成长型企业通常具有较高的增长潜力和市场竞争力，但在发展过程中常常面临资金短缺和经营压力。通过风险投资，成长型企业可以获得大额资金注入，扩大生产规模、拓展市场份额、提升产品品质和服务水平，加速实现企业的发展目标，实现规模化经营和产业链整合，提升企业的市场竞争力和盈利能力。

风险投资有助于推动创业创新和产业发展。创业创新是推动经济增长和社会进步的源泉，风险投资的出现为创业者提供了更多的资金支持和发展空间。通过风险投资，创业者可以更加自由地开展创业活动，尝试新的商业模式和产品理念，推动产业结构的优化和升级，促进经济的创新发展。

风险投资也存在一定的风险和挑战。风险投资的投资对象通常是高风险高回报的企业，其投资风险较大，投资回报也不确定。因此，投资者需要充分评估投资项目的风险和收益，做出谨慎的投资决策。风险投资需要投资者具有较高的专业能力和资金实力，以便更好地把握投资机会和管理投资风险。另外，风险投资的退出机制和投资回报也是投资者需要考虑的重要因素，投资者需要在投资初期就考虑清楚投资退出的时机和方式，以最大限度地实现投资回报。

风险投资作为一种新型融资模式，在促进创新创业、支持成长型企业和推动产业发展等方面发挥着重要作用。企业和投资者可以充分利用风险投资这一融资工具，共同推动经济的创新发展和持续增长。

（二）私募股权融资

私募股权融资作为一种重要的融资方式，为企业提供了灵活、高效的资金支持途径。在私募股权融资中，企业向特定投资者发行股权，以换取资金支持，而这些投资者通常是风险投资机构、私募基金、高净值个人或其他专业投资者。相较于传统的公开发行股票或债券融资，私募股权融资具有更为灵活的特点，能够更快速地获得资金支持，也减少了一些上市公司面临的信息披露和监管要求。

私募股权融资对于成熟企业或规模较大的企业来说，是一种有效的资本运作方式。私募股权融资可以为企业提供大额的资金注入，支持企业的战略布局和扩张计划。由于私募投资者通常具有较强的资金实力和投资经验，因此他们更愿意向具有潜力和价值的企业注资，帮助企业加速发展。私募股权融资可以帮助企业实现股权结构优化和资本结构优化。通过引入新的股权投资者，企业可以实现股权结构的优化，完善公司治理结构，提高公司的市场竞争力和盈利能力。通过私募股权融资，企业还可以降低资本成本，减少融资成本，提高资金利用效率，进而提升企业的盈利水平和企业价值。

私募股权融资也面临着一些挑战和风险。私募股权融资的成功与否取决于企业的实际情况、市场环境以及投资者的信心和预期等。企业的盈利能力和成长潜力不足，或者市场环境不利，都可能会导致私募股权融资失败或者融资条件不利。私募股权融资需要企业与投资者之间建立长期合作关系，需要双方在战略目标、治理结构、退出机制等方面达成一致，否则会导致后续经营和发展中的冲突和风险。因此，在进行私募股权融资时，企业需要充分考虑自身的实际情况和发展需求，选择合适的投资者，制订合理的融资计划和制定合理的合同条款，确保融资过程顺利进行，为企业的长期发展提供可靠的资金支持。

二、创新融资过程与企业成长战略

创新融资模式与企业成长战略密切相关。新兴融资方式如股权众筹、风险投资、债券融资等为企业提供了多样化的融资渠道，促进了企业成长。对于创新型企业，风险投资可提供资金支持和战略指导，助力技术研发和市场拓展，推动企业快速成长。另外，股权众筹可以动员广泛的投资者参与，提高企业知名度和市场影响力，促进产品创新和品牌建设。债券融资则可为企业提供长期稳定的资金支持，支持企业扩张和投资。因此，企业在制定成长战略时应考虑选择合适的融资模式，根据企业发展阶段、行业特点和资金需求确定最佳融资方案，以实现战略目标和持续增长。创新融资模式的应用有助于企业拓展融资渠道、降低融资成本，提升竞争力，实现可持续发展。

（一）融资模式选择与战略匹配

在当前竞争激烈的商业环境下，企业面临着不断增长的资金需求，以支持其扩张、创新和发展。为了满足这些需求，企业需要仔细考虑并选择合适的融资模式。融资模式的选择应该建立在对企业自身融资需求和发展战略的全面了解之上，以确保获得的资金支持能够最大限度地推动企业发展和实现战略目标。

债务融资是一种常见的融资方式，通过向银行、金融机构或债券市场借款来获取资金。债务融资具有成本相对较低、灵活度较高等优点，适用于企业需要大额资金、有稳定现金流的情况。对于规模较大、盈利稳定的企业，可以选择债务融资来满足其资金需求，同时降低股权稀释风险。

股权融资是通过向投资者发行股票或股权来获得资金支持。相较于债务融资，股权融资具有不需要偿还本金、提高企业信用度等优点，但也伴随着股权稀释和对企业控制权的影响。对于成长型企业或创新型企业，股权融资是一种重要的融资方式，可以为企业提供更多的资金支持，支持其快速扩张和发展。

并购重组是一种通过收购、合并或重组等方式来获取资金支持和实现业务增长的融资模式。通过并购重组，企业可以快速扩大规模、进入新市场、获取新技术和人才等，从而提高企业的市场竞争力和盈利能力。但是，并购重组也存在一定的风险和挑战，需要企业在选择并购对象、谈判交易条件等方面进行谨慎考虑和评估。

在选择融资模式时，企业应该根据自身的发展阶段、行业特点、市场环境等进行综合评估和决策。对于初创企业或创新型企业，可能更适合选择股权融资来支持其创新研发和市场推广；而对于成熟企业或规模较大的企业，则可以考虑选择债务融资或并购重组来支持其业务扩张和市场拓展。

总之，融资模式选择与企业的战略目标和发展规划密切相关，企业应该根据自身情况和需求选择最适合的融资模式，并确保获得的资金支持能够有效地推动企业发展和实现长期战略目标。

（二）融资筹备与执行

融资模式选择与战略匹配是企业融资过程中至关重要的一环。企业在决定融资方式时，需要充分考虑自身的发展阶段、财务状况、资金需求及未来发展战略等因素。不同的融资模式具有不同的特点和适用范围，因此选择合适的融资模式对企业的发展至关重要。在了解自身融资需求的基础上，企业可以选择债务融资、股权融资、并购重组等不同的融资模式。

债务融资是指企业通过发行债券、贷款等方式筹集资金，承担一定的债务负担，并按约定时间和利率偿还借款。这种融资模式适用于具有稳定现金流和一定抵押物的企业，能够降低企业的股权稀释风险，但需要承担一定的利息和偿还压力。股权融资则是指企业通过发行股票、引入投资者等方式融资，以换取股权份额，能够为企业提供长期资金支持，但可能导致股权分散和管理层权益受到稀释。而并购重组则是通过收购、合并等方式进行资产整合，实现规模扩张和产业优化，但需要面对整合风险和并购后的运营挑战。

在选择融资模式时，企业需要将融资模式与企业的成长战略相匹配，确保获得的资金支持能够有效推动企业的发展。对于初创企业，可能更适合选择风险投资或股权融资，以支持产品研发和市场拓展；而对于成熟企业，可能更适合选择债务融资或并购重组，以实现资产优化和市场整合。因此，企业在选择融资模式时，需要结合自身的发展阶段和战略目标，谨慎权衡各种融资方式的利弊，选择最符合企业长期发展需要的融资模式。

融资筹备与执行是企业融资过程中的关键环节。一旦确定了融资模式，企业需要开始着手融资筹备工作。企业需要制定详细的融资方案，明确资金用途、融资规模、融资条件等重要参数。企业需要准备充分的融资资料，包括财务报表、商业计划书、资产清单等，以便向潜在投资者展示企业的价值和潜力。与此同时，企业还需要积极与投资者沟通，促成融资交易的达成。

在融资执行阶段，企业需要注意融资协议的合理性和可行性。融资协议是企业与投资者之间的约定，涉及资金的使用、偿还方式、利率水平、股权比例等重要条款，对企业未来的发展具有重要影响。因此，企业需要认真审查和评估融资协议，确保其合理性和可行性，以免融资协议不当而导致后续经营风险和纠纷。同时，在融资执行过程中，企业需要保持与投资者的沟通和合作，及时履行融资义务，确保融资交易顺利完成，并为企业的成长战略提供充分支持。

融资模式选择与战略匹配、融资筹备与执行是企业融资过程中的重要环节，对企业的发展具有重要意义。企业需要结合自身的发展阶段和战略目标，选择合适的融资模式，并进行充分的融资筹备和执行工作，以获得资金支持，推动企业持续发展。

第七章　财务分析与绩效评估体系

第一节　财务报表分析方法与应用

一、财务报表分析方法

财务报表分析是评估企业财务状况和经营绩效的关键工具。主要方法包括比率分析、趋势分析和财务比较分析。比率分析是通过计算不同指标之间的比率，如盈利能力、偿债能力和效率指标，来评估企业的财务健康状况。趋势分析则关注财务数据在一段时间内的变化趋势，以揭示企业的发展动向。财务比较分析是将企业的财务数据与同行业或竞争对手进行比较，帮助识别企业在行业中的地位和竞争优势。这些方法结合使用可以提供全面的财务洞察，指导企业制定战略决策和改善业绩。

对财务数据进行动态分析是评估企业经营状况和发展趋势的重要方式之一。动态分析主要考察财务数据的增长率（如利润增长率、资产增长率等）和变动情况，以及这些数据的变动趋势和影响因素。通过动态分析，企业可以更直观地了解其发展速度和经营活动的变化趋势，为企业管理者和投资者提供重要的参考信息。

利润增长率是评估企业盈利能力和经营效益的重要指标之一。通过分析企业利润增长率的变动情况，企业可以了解其盈利能力的变化趋势，判断其经营状况的好坏。如果企业的利润增长率持续增长，说明企业盈利能力较强，经营状况良好；反之，如果企业的利润增长率持续下降或为负值，说明企业可能面临盈利压力或经营困难。因此，通过对利润增长率的动态分析，企业可以及时发现其经营问题，并采取相应措施加以调整和改进。

资产增长率是评估企业资产规模变化的重要指标。通过分析企业资产增长率的变动情况，企业可以了解其资产规模的扩张速度和方向，判断其发展动力和战略方向。如果企业的资产增长率持续增加，说明企业资产规模不断扩大，经营活动持续向好；反之，如果企业的资产增长率下降或为负值，说明企业面临资金短缺或投资失败。

二、财务报表分析应用

财务报表分析是评估企业财务状况和经营绩效的重要工具。通过分析资产负债表、利润表和现金流量表，企业可以全面了解其财务状况、盈利能力和偿债能力。财务比率分析，如利润率、资产负债率和偿债比率分析，可以揭示企业的经营效率和风险水平。趋势分析和行业比较也能提供有价值的洞察。财务报表分析可为管理者提供决策支持，帮助投资者评估投资价值，为债权人评估信用风险，也是监管机构评估企业合规性的重要依据。因此，有效运用财务报表分析可以帮助各方更好地理解企业的财务状况和经营表现，从而做出更明智的决策。

（一）垂直分析

1. 比率分析

财务比率分析是一种重要的财务管理工具，用于评估企业的经营状况、偿债能力和盈利能力。在进行比率分析时，常用的比率包括流动比率、资产负债比率、利润率等，通过对这些比率进行计算和分析，可以揭示企业财务状况的多个方面，并为企业提供改进和优化的方向。

流动比率是衡量企业偿付短期债务能力的指标，反映了企业流动资产与流动负债之间的关系。流动比率的提高意味着企业具有更强的偿债能力和流动性，而流动比率的下降可能意味着企业面临偿债风险。分析流动比率，可以评估企业短期偿债能力的强弱，及时发现并解决资金周转不畅的问题。

资产负债比率是衡量企业资产与负债之间的比例关系，反映了企业资产的融资结构和偿债能力。资产负债比率增加可能意味着企业负债水平过高，而资产负债比率降低则可能意味着企业财务稳健性提高。资产负债比率分析，可以评估企业的财务风险水平，为企业提供合理的资产负债管理建议。

另外，利润率是衡量企业盈利能力的重要指标，包括毛利率、净利率等。毛利率反映了企业销售产品或提供服务的毛利润水平，净利率则反映了企业经营活动的净收益水平。利润率分析，可以评估企业的盈利能力和经营效益，及时发现盈利能力不足的问题，并采取措施加以改善。

2. 趋势分析

趋势分析是财务管理中的重要工具，通过分析财务数据的趋势变化，如销售额、利润、现金流等指标的变动趋势，揭示企业在长期内的发展趋势和经营活动的稳定性，为未来决策提供参考依据。

趋势分析可以帮助企业了解业务的发展趋势。通过对销售额、利润等业务指标的趋势分析，企业可以了解自身业务的增长速度和方向，判断企业是处于增长阶段、稳定阶段还是下滑阶段。销售额和利润呈现稳定增长趋势，就表明企业业务持续扩张，具备良好的市场竞争力和盈利能力；而销售额和利润呈现下滑趋势，就表明企业面临市场竞争压力或经营问题，需要及时调整战略和措施。

趋势分析可以帮助企业识别经营风险和机遇。通过对财务数据的趋势变化进行分析，企业可以发现潜在的经营风险和问题，并及时采取措施加以应对。现金流呈现不稳定或下降趋势，就表明企业存在资金周转问题或财务压力，需要加强资金管理和风险控制；而销售额和利润呈现快速增长趋势，就表明企业处于发展的黄金期，可以加大投资力度，扩大市场份额。

趋势分析还可以帮助企业进行长期规划和决策。通过对财务数据的趋势变化进行分析，企业可以预测未来的发展方向和趋势，为未来的战略规划和决策提供参考依据。如果销售额和利润呈现稳定增长趋势，那么企业可以考虑加大产品研发和市场推广力度，进一步扩大市场份额；如果销售额和利润呈现下滑趋势，那么企业则需要调整产品结构和经营策略，寻找新的增长点和发展机会。

总之，趋势分析是财务管理中的重要工具，通过分析财务数据的趋势变化，可以帮助企业了解业务的发展趋势、识别经营风险和机遇，为未来的规划和决策提供参考依据。企业应该及时收集、整理和分析财务数据，不断优化趋势分析方法，提高决策的科学性和准确性，从而实现经营目标的持续增长和稳健发展。

（二）综合分析

综合分析是对企业财务状况和经营绩效进行全面评估的关键步骤，通过结合横向分析和垂直分析的结果，可以更加准确地了解企业的财务情况和经营表现，为管理决策提供全面的参考和支持。

横向分析是通过比较企业不同时间段的财务数据，分析其发展趋势和变化情况。横向分析可以发现企业在财务表现上的长期趋势和周期性变化，从而评估企业的成长速度和稳定性。通过比较企业连续几年的营业收入、利润和现金流量等指标，可以了解企业经营业绩的增长情况，判断企业的盈利能力和经营效率是否持续改善。同时，横向分析还可以帮助企业发现在特定时间段内出现的异常情况，如收入下降、成本增加等，从而及时采取调整措施，保障企业的财务稳健发展。

垂直分析是通过比较企业不同财务报表中各项指标的构成比例，分析其内部结构和比重变化。垂直分析可以深入了解企业各项财务指标的构成和组成部分，从而发现企业财务状况的薄弱环节和潜在风险。通过比较企业利润表中各项成本占比的变化，可以发现成本结构的变化情况，进而评估企业的成本管控能力和盈利质量。同时，垂直分析还可以帮助企业发现在财务结构上的问题，如资产负债比例偏高、流动比率偏低等，从而及时采取调整措施，优化资金结构和资产配置，提升企业的财务健康水平。

综合分析是将横向分析和垂直分析的结果进行整合，并结合企业的实际情况和市场环境，从多个角度全面评估企业的财务状况和经营绩效。综合分析可以帮助管理层更加全面地了解企业的发展情况和面临的挑战，为管理决策提供更为准确和可靠的依据。如果横向分析表明企业营业收入呈现增长趋势，而垂直分析显示企业成本占比较高，那么管理层可以采取措施降低成本，提高盈利水平，进而推动企业持续健康发展。通过综合分析，管理层可以更好地把握企业的财务状况和经营表现，及时调整战略方向，提升企业的竞争力和持续发展能力。

第二节　绩效评估体系构建与优化

一、绩效评估体系构建

构建绩效评估体系是企业管理的核心环节之一。第一，确定关键绩效指标（KPIs），涵盖财务、客户、内部业务流程和学习成长等方面。第二，设定目标和标准，确保与企业战略一致，并具备可量化和可衡量性。第三，建立评估方法和工具，如360度反馈、绩效考核表等，确保评估客观、公正和全面。第四，定期进行绩效评估与反馈，及时调整和改进体系，保持与企业发展的一致性。第五，将绩效评估体系与奖惩机制相结合，激励员工积极工作，推动企业持续发展。这样的体系的建立有助于提高企业绩效、促进员工成长，并实现组织与员工的共赢。

（一）设定明确的绩效指标

设定明确的绩效指标是企业管理中至关重要的一环，直接关系企业的目标实现和员工行为的引导。在确定绩效指标时，企业需要考虑与其战略目标直接相关的因素，并确保这些指标能够客观地反映业务目标的达成情况。绩效指标的明确性、可衡量性和与长期发展战略的一致性是其有效性和可操作性的重要保证。

绩效指标应当与企业的战略目标直接相关。这意味着绩效指标应当围绕企业的战略方向和核心业务展开，确保每个指标都能够直接或间接地反映企业的长期发展目标。如果企业的战略目标是提高市场份额，那么可以设定销售额增长率、市场占有率、新客户增长率等指标来衡量销售业绩和市场开拓情况。

绩效指标需要有明确的量化标准和具有可衡量性。这意味着指标应当能够被量化和衡量，以便进行评估和比较。通过量化的指标，企业可以更清晰地了解其绩效水平，并进行有效的管理和改进。将销售额、利润率、客户满意度等指标转化为具体的数字标准，便于员工理解和评估自身表现。

另外，绩效指标需要避免模糊不清的情况出现，确保评估过程客观公正、数据可靠。模糊不清的指标可能导致评估结果不准确或主观偏差，从而影响绩效管理的有效性。因此，在设定绩效指标时，企业应当尽量避免选择主观性较强或无法量化的指标，而是选择那些能够客观衡量和评估的指标。同时，要确保评估过程中所使用的数据来源可靠，避免数据不准确或失实而导致评估结果出现偏差。

综合分析，设定明确的绩效指标是企业管理中的重要环节，直接关系企业的目标实现和员工行为的引导。通过确保绩效指标与企业战略目标的一致性、有明确的量化标准和具可衡量性，以及避免模糊不清的情况，企业可以有效地引导员工行为朝着其目标方向发展，并为其长期发展提供有力的支撑。

（二）多维度考量

在构建绩效评估体系时，企业需要综合考虑多个维度，而不仅限于单一指标的评估。传统的绩效评估往往侧重于业绩方面的考量，如销售额、利润增长等指标，但这种单一维度的评估往往难以全面反映员工的综合表现和贡献。因此，建立多维度的考量体系，涵盖业绩、行为、能力等方面，能够更准确地评估员工的整体表现，促进员工全面发展和企业长期发展。

业绩是绩效评估的重要维度之一。业绩指标直接反映了员工在工作中取得的成绩和效果，是衡量员工工作成效的关键指标。销售额、利润增长、客户满意度等指标都属于业绩维度，能够直观地反映员工在工作中的业务表现和成果。

行为也是绩效评估中不可忽视的重要维度。员工的行为表现直接影响着团队合作、企业文化和员工关系等方面。因此，除了关注业绩指标，企业还需要考量员工的行为表现，包括工作态度、沟通能力、团队合作精神等。这些行为表现良好与否，对企业的文化建设和团队凝聚力有着重要影响。

另外，能力也是评估员工绩效的重要维度之一。员工的能力水平直接关系其在工作中的执行力和创造力，是保障工作质量和效率的关键因素。因此，在绩效评估中，企业需要考量员工的专业能力、学习能力、问题解决能力等方面，以全面评估员工的工作能力和潜力。

综合考虑业绩、行为、能力等多个维度，能够更全面地评估员工的综合表现，既有利于发现和激励优秀员工，也有利于识别和改进员工的不足之处。因此，在建立绩效评估体系时，企业应该避免仅仅依靠单一指标评估，而是通过多维度考量，更准确地反映员工的整体绩效水平，从而促进员工和企业共同成长。

二、绩效评估体系优化

绩效评估体系的优化是企业提升管理水平和对员工激励的关键。优化应从明确目标开始，确保目标与组织战略一致。建立科学合理的绩效指标体系，包括量化指标和质化指标，以全面评估员工表现。同时，引入多维度评价，考虑员工的绩效、能力、潜力和价值观。合理设置绩效考核周期和频率，保证及时反馈和调整。建立公平公正的评价机制，避免主观偏见和不公平现象。加强绩效管理与员工发展、激励机制的结合，通过奖惩制度激励员工积极性。引入先进，如绩效管理软件，提高评估效率和准确性。定期对绩效评估体系进行评估和调整，与企业发展保持一致。最终，绩效评估体系的优化需要持续改进，与企业发展和员工需求相适应，实现企业与员工共赢。

（一）引入360度评估

多维度考量在绩效评估体系中具有重要意义，能够更全面地了解员工的表现和能力。360度评估是一种多元反馈的方法，涵盖来自员工、领导、同事和客户等多方的反馈，可以为评估提供更全面、更客观的数据支持，有助于减少主观偏见，提高评估的准确性和公正性。

360度评估不仅可以评定绩效，更重要的是可以成为促进员工发展的有力工具。通过多方反馈，员工可以更全面地了解自己在工作中的表现情况，发现自身的优势和提升空间。与传统的单一评价方式相比，360度评估能够更好地激发员工的学习动力和积极性，帮助他们不断提升工作技能和专业能力。

在制定个性化发展计划方面，360度评估也具有独特的优势。通过分析评估结果，可以为每位员工量身定制适合其个人发展需求和职业目标的发展计划。这种个性化的发展计划不仅能够帮助员工更好地发挥自己的优势，还能够有针对性地提升其在工作中的表现，实现个人和企业的双赢。

引入360度评估需要注意一些问题：一是评估过程需要保证反馈的真实性和客观性，避免受到人际关系和主观因素的影响；二是评估结果的处理和运用需要谨慎，避免过度解读或武断处理，保证评估结果的合理性和有效性。员工需要接受评估结果，并愿意在此基础上进行改进和发展，否则评估结果可能无法发挥其应有的作用。

引入 360 度评估可以为企业提供更全面、更客观的评价数据，有助于促进员工全面发展和个人成长，提高组织的绩效水平和竞争力。在实施过程中，企业需要注意评估的真实性和有效性，以及员工的参与和配合程度，这样才能最大限度地发挥 360 度评估的作用。

（二）沟通与反馈

优质的沟通与反馈机制是企业内部管理中至关重要的一环。通过及时沟通和有效反馈，可以帮助员工更好地理解自己的表现，认识自身的优势与不足，并共同探讨改进和发展的方向。建立良好的沟通机制，加强员工和领导之间的互动和合作，不仅可以提高企业的绩效，还可以促进员工的成长和发展。

企业应该及时将 360 度评价结果反馈给员工并与员工沟通。这种反馈不仅是告知员工他们的绩效如何，更是为了与员工一起探讨改进和发展的方向。沟通过程中，企业需要以尊重和理解的态度对待员工，避免使用负面或批评性的语言，注重以建设性的方式指出问题，并提出改进的建议。同时，企业也要鼓励员工分享他们对于评估结果的看法和感受，以促进双向的沟通和理解。

建立良好的沟通机制至关重要。企业可以通过定期的团队会议、个别谈话、电子邮件等方式，与员工进行沟通和交流。在这些沟通活动中，领导可以与员工分享企业的目标和战略，解释评估标准和要求，以及提供对于改进的建议和支持。同时，企业也要鼓励员工提出他们的想法和建议，为组织的发展提供新的思路和动力。

另外，加强员工和领导之间的互动和合作也是非常重要的。团队活动、团队建设培训等方式，可以促进员工之间的交流和合作，增强团队凝聚力和协作能力。同时，领导应该积极参与团队活动，与员工建立亲近和信任的关系，激发员工的工作热情和创造力。只有在良好的团队氛围中，领导才能有效地与员工沟通与反馈，提高员工的工作积极性和组织的整体绩效水平。

建立良好的沟通机制，加强员工和领导之间的互动和合作，可以促进 360 度评估结果的及时沟通和有效反馈，为员工的个人发展和组织的持续发展提供有力支持。只有在良好的沟通和合作氛围中，企业才能实现其内部信息的畅通流动，增强员工的归属感和认同感，提升企业整体绩效水平。

第三节 财务指标对企业绩效的影响

一、财务指标对企业绩效的具体影响

财务指标对企业绩效有着直接而深远的影响。盈利能力指标如净利润率和毛利润率直接反映了企业的盈利能力，高盈利能力有助于提高企业的竞争力和促进企业持续发展。偿债能力指标如资产负债率和利息保障倍数反映了企业偿债能力的强弱，健康的偿债能力有助于降低财务风险，增强企业稳定性。效率指标如资产周转率和存货周转率直接关系企业资源利用的效率，高效率有助于提高利润率和资金利用率。财务指标的良好表现直接促进了企业绩效的提升，为企业的发展和持续成功奠定了坚实基础。

（一）财务指标与企业绩效的关系

财务指标是评价企业财务状况和经营绩效的重要工具，通过对企业各项财务数据的分析和比较，可以全面了解企业的盈利能力、偿债能力和运营效率等方面的情况。常见的财务指标包括盈利能力指标、偿债能力指标和运营效率指标等，它们反映了企业在不同方面的财务表现和经营状况。通过分析这些财务指标，企业可以更准确地评估其财务健康状况和经营绩效，为管理决策提供重要参考。

盈利能力指标是评价企业盈利水平的重要指标，常见的盈利能力指标包括利润率和净资产收益率（ROE）。利润率反映了企业每单位销售收入所产生的利润水平，是衡量企业盈利能力的重要指标之一。ROE 则是衡量企业股东权益的收益能力，反映了企业利润与股东权益之间的关系。通过分析利润率和 ROE，企业可以全面评估其盈利能力和财务效益，判断企业是否具有持续盈利能力和良好的经营状况。

偿债能力指标是评价企业偿债能力和财务稳定性的重要指标，常见的偿债能力指标包括资产负债率和利息保障倍数。资产负债率反映了企业资产和负债之间的比例关系，是衡量企业负债程度的重要指标之一。利息保障倍数则是衡量企业支付利息能力的指标，反映了企业通过经营活动获得的利润是否足以支付利息支出。通过分析资产负债率和利息保障倍数，企业可以评估其偿债能力和财务稳定性，判断企业是否能够有效地应对债务风险和利息压力。

运营效率指标是评价企业资产利用效率和经营效率的重要指标，常见的运营效率指标包括存货周转率和应收账款周转率。

（二）财务指标对投资者的影响

财务指标在投资者的决策中扮演着至关重要的角色，它们使投资者对企业财务状况和经营绩效有了直观了解。财务指标可以反映企业在盈利能力、偿债能力、运营效率等方面的表现，不同的财务指标对投资者吸引力的影响是不同的。理解并分析不同财务指标如何影响投资者的决策过程，对于投资者制定投资策略和选择投资标的至关重要。

盈利能力指标对股票投资的吸引力巨大。盈利能力指标，如利润率和 ROE，直接反映了企业的盈利水平和资本利用效率。投资者往往会倾向于选择盈利能力较强的企业进行投资，这是因为这些企业通常具有稳定的盈利能力和增长潜力，能够提供稳定的股息和增值潜力。在股票投资决策中，投资者会将企业的盈利能力作为重要的考量因素之一，并根据企业的盈利能力指标评估其潜在投资价值。

偿债能力指标对债券投资的吸引力至关重要。偿债能力指标，如资产负债率和利息保障倍数，反映了企业偿债能力和债务承担能力。对于债券投资者来说，他们更关注企业是否有足够的偿债能力来按时偿还债务和支付利息。因此，投资者往往会选择具有良好偿债能力的企业债券进行投资，以降低投资风险并获得稳定的收益。在债券投资决策中，投资者会根据企业的偿债能力指标评估债券的风险水平和投资价值，并据此决定是否进行投资。

运营效率指标也对投资者的决策产生影响。运营效率指标，如存货周转率和应收账款周转率，反映了企业资产的利用效率和经营效率。投资者通常倾向于选择具有运营效率高的企业进行投资，这是因为这些企业能够更有效地利用资产，提高盈利能力和资金周转率。在投资决策中，投资者会关注企业的运营效率指标，并根据这些指标评估企业的经营绩效和潜在的投资价值。

财务指标对投资者的影响是多方面的，不同的指标反映了企业在不同方面的表现和潜力。投资者会根据企业的盈利能力、偿债能力和运营效率等指标评估企业的绩效和投资价值，并据此决定是否进行投资以及投资的规模和方向。

二、财务指标与企业绩效关系分析

财务指标与企业绩效密切相关，是评估企业财务健康和经营绩效的关键指标。盈利能力指标如净利润率、毛利润率直接反映企业的盈利水平，资产利用率指标如总资产周转率、固定资产周转率则显示企业资产的有效利用程度，偿债能力指标如偿债比率、流动比率展现企业偿债能力的强弱。财务健康的企业通常具备较高的盈利能力、良好的资产利用率和偿债能力。绩效优异的企业往往能够保持稳定的财务指标，并且不断提升。因此，对财务指标与企业绩效的关系进行分析，可以帮助企业了解自身的财务状况和经营表现，及时发现问题并采取相应的措施，以实现持续发展目标和提升竞争力。

（一）财务指标对绩效评估的影响

财务指标在企业绩效评估中扮演着至关重要的角色，提供了客观、可量化的数据，帮助管理层和投资者评估企业的财务状况、经营绩效和风险水平。不同的财务指标反映了企业在不同方面的表现，在企业绩效评价中占有不同的权重，对企业绩效评价影响程度不同，下面将就此展开讨论。

盈利能力指标如 ROE、利润率等在企业绩效评估中具有重要作用。ROE 反映了企业利润与净资产的关系，是衡量企业盈利能力的重要指标之一。高 ROE 意味着企业有效地利用资本实现了良好的盈利水平，对投资者具有吸引力。利润率则直接反映了企业每一单位销售额所获得的利润水平，是评价企业盈利能力的直接指标。在绩效评估中，这些盈利能力指标往往占据重要地位，企业的盈利能力直接关系其持续发展和吸引力。

偿债能力指标对企业的风险管理和财务稳健性评估至关重要。资产负债率、利息保障倍数等指标可以评估企业的债务水平和偿债能力。低资产负债率和高利息保障倍数通常被认为是企业财务风险较低的表现，反之则可能被认为是财务压力和风险大。在绩效评估中，偿债能力指标能够帮助投资者和管理层更好地了解企业的财务稳健性和债务风险，从而制定相应的财务战略和风险管理措施。

运营效率指标如存货周转率、应收账款周转率等也对企业绩效评估具有重要意义。这些指标反映了企业在资金运作和资源利用上的效率。高存货周转率和高应收账款周转率通常意味着企业能够迅速转化存货和应收账款为现金，提高资金利用效率，加速资金周转。在绩效评估中，运营效率指标的提高可以降低企业的经营成本，提高企业的盈利能力和竞争力。

在绩效评价中，不同财务指标的权重和影响程度取决于企业的具体情况和战略目标。一般来说，盈利能力指标对于投资者而言更为关键，投资者往往更关注企业的盈利潜力和回报率。在一些行业或阶段，如金融行业或科技企业的成长阶段，偿债能力和运营效率等指标可能会受到更多的关注，其财务稳健性和资金管理对于这些企业来说显得尤为重要。因此，在绩效评价中，企业需要根据其特点和行业环境，综合考虑不同财务指标的权重和影响，以全面评估其绩效水平和发展潜力。

（二）财务指标的改善与绩效提升

财务指标的改善对企业绩效提升具有重要影响，通过提高利润率、降低资产负债率、提高资产周转率等措施，企业可以有效地提高经营效率、增强竞争力，并为长期发展打下坚实的基础。

提高利润率是企业重要的财务目标之一。利润率直接反映了企业盈利能力的强弱，是评价企业经营状况的重要指标之一。通过优化成本管理、提高销售价格、增加产品附加值等方式，企业可以有效地提高利润率。提高利润率不仅可以增加企业的盈利能力，还可以提升企业的市场竞争力，吸引更多投资者关注和支持。

降低资产负债率可以改善企业的财务结构，减少财务风险。资产负债率反映了企业资产与负债之间的比例关系，是评价企业财务健康状况的重要指标之一。通过加强资产管理、优化资金结构、降低负债成本等方式，企业可以有效地降低资产负债率，减少财务压力，提高企业的偿债能力和稳定性。

提高资产周转率也是提升企业绩效的关键措施之一。资产周转率反映了企业资产利用效率的水平，是评价企业经营效率的重要指标之一。通过加强资产管理、提高生产效率、优化库存管理等方式，企业可以提高资产周转率，实现资产的最大化利用，降低生产成本，提高企业的经营效率和竞争力。

财务指标的改善不仅可以提升企业的经营效率和盈利能力，还可以增强企业的市场竞争力和持续发展能力。通过提高利润率，企业可以实现盈利增长，为企业的可持续发展提供资金支持；通过降低资产负债率，企业可以降低财务风险，提高企业的稳定性和抗风险能力；通过提高资产周转率，企业可以实现资产的最大化利用，提高经营效率，增强市场竞争力。因此，财务指标的改善对企业经营效率、竞争力和长期发展具有重要意义，是企业绩效提升的关键路径之一。

第四节　股权激励与财务绩效挖掘

一、股权激励对财务绩效的影响

股权激励对企业的财务绩效有着显著影响。股权激励可以激发员工的积极性和创造力，提高工作效率和质量，从而提升企业的盈利能力。股权激励将员工的利益与企业的长期发展紧密联系在一起，增强员工的归属感和责任感，有助于降低员工流失率，减少用人成本。股权激励可以吸引和留住高素质的人才，提升企业的竞争力和创新能力，为企业创造更多的价值和利润。股权激励对财务绩效的影响是全方位的，可以通过激励员工来提高企业的竞争力和创新能力，从而推动企业实现可持续发展和价值增长。

（一）股权激励的定义

股权激励是指企业通过向员工提供股权或股权期权等方式，来激励员工积极工作、提高绩效的管理手段。在股权激励计划中，员工可以获得公司股票或股权期权，作为他们在公司工作表现优异的奖励。这种形式的激励不仅可以提高员工的工作积极性和工作动力，还可以增强员工对企业的忠诚度和归属感，从而推动企业的发展和成长。

股权激励的目的和作用是多方面的。股权激励可以提高员工忠诚度。当员工成为公司的股东或拥有股权期权时，他们会更加关注公司的发展和业绩，愿意为公司的长远利益和发展做更多努力，从而增强了员工对公司的认同感和忠诚度。

股权激励可以激发员工的创造力和积极性。通过股权激励，员工有机会分享公司的成长和成功，从而激发他们的创新力和创造力，他们积极参与公司的战略规划和业务发展，为公司带来更多的价值和利润。

股权激励还可以增强企业的竞争力。优秀的员工是企业的核心竞争力之一，而股权激励可以帮助企业吸引和留住优秀人才，建立稳定、高效的团队，提高企业的竞争力和市场地位。

股权激励是一种有效的管理手段，可以激励员工积极工作、提高绩效，提高员工忠诚度、激发员工创造力、增强企业竞争力等。通过股权激励计划，企业可以吸引和留住优秀人才，推动企业的长期发展和持续增长。

（二）股权激励与财务绩效的关系

股权激励是企业通过向员工提供股权或股权期权等方式，激励员工积极工作、提高绩效的管理方式。这种激励形式旨在将员工的利益与企业的长期发展紧密联系起来，从而促使员工更加努力地工作，为企业创造更大的价值。股权激励不仅可以提高员工忠诚度，激发员工创造力，增强企业竞争力，还可以对企业的财务绩效产生积极的影响。

股权激励对员工绩效有明显的激励作用。员工持有公司股权或股权期权后，将更加积极地投入工作，追求企业的长期利益。他们会更加关注企业的发展和业绩，更加努力地提高自身的工作绩效，以实现自己的个人利益最大化。这种利益共享机制有助于激发员工的工作动力和创造力，从而提高企业的整体绩效水平。

股权激励对企业的盈利能力和利润增长性也具有积极的影响。通过股权激励，企业可以吸引和留住优秀人才，激发员工的创新力和创造力，促进企业的技术创新和业务拓展，从而提升企业的竞争力和市场地位。股权激励还可以增强员工的归属感和责任感，凝聚员工的团队合作精神，进一步提高企业的生产效率和经营效益。

但股权激励在提高企业财务绩效方面也存在一定的局限性。股权激励需要企业支付一定的成本，包括股权或股权期权的分配成本以及相关的管理和监督成本。股权激励方案设计不当或实施不当，会导致企业财务负担加重，对企业的财务绩效产生负面影响。股权激励可能会使公司股权结构发生变化，进而影响企业的治理结构和管理效率，增加公司的管理风险。

股权激励对企业的财务绩效有重要的影响，既可以激励员工提高绩效，促进企业的盈利能力和增长性，又存在一定的成本和风险。因此，在实施股权激励时，企业需要结合自身的实际情况和发展战略，合理设计激励方案，加强对激励效果的监督和评估，以确保激励措施能够有效提升企业的财务绩效。

二、财务绩效挖掘与股权激励实践

财务绩效挖掘与股权激励实践密切相关，挖掘企业的财务绩效可以为股权激励提供有效的依据和目标。首先，应建立科学合理的财务绩效评价体系，包括盈利能力、资产利用效率和偿债能力等指标。然后，将财务绩效与股权激励相结合，如通过股票期权、股票奖励计划等方式，将激励与企业的财务表现直接挂钩，激发员工积极性和创造力。企业应注意制订激励计划的公平性和合理性，确保员工的激励与贡献成正比，避免激励机制带来的负面影响。财务绩效挖掘与股权激励实践相结合，可以促进企业的发展和增强员工的动力，实现共赢局面。

（一）财务绩效指标体系

建立完善的财务绩效指标体系对于企业评估整体财务健康和绩效至关重要。这一体系通常包括与盈利能力、偿债能力、资产管理效率等相关的各种关键指标。分析不同的财务绩效指标，了解它们对整体绩效评估的影响和权重，对于企业有效的财务管理和决策至关重要。

盈利能力指标是评估企业财务成功和盈利效率的基础。这些指标包括净利润率、毛利润率、资产回报率（ROA）、ROE 和每股收益（EPS）等。较高的净利润率和 ROA 表明盈利能力较好，而较高的 ROE 表明股东权益有效利用较强。了解这些指标有助于评估企业如何有效利用资源产生利润，并为股东创造价值。

偿债能力指标关注企业偿还债务的能力。这些指标包括负债比率、负债权益比率、利息保障倍数和债务偿还倍数等。较低的负债比率和负债权益比率表明财务杠杆较低，与债务相关的风险较小。较高的利息保障倍数和债务偿还倍数表明企业有能力支付利息和偿还债务。监控这些指标有助于评估企业的财务稳定性和有效管理债务的能力。

资产管理效率指标评估企业如何有效管理资产以产生收入和利润。这些指标包括资产周转率、存货周转率、应收账款周转率和固定资产周转率等。较高的资产周转率表明资产有效利用以产生销售收入，而较高的存货周转率反映了有效的存货管理。同样，较高的应收账款周转率和固定资产周转率表明应收账款和固定资产的有效管理。分析这些指标有助于评估企业的运营效率和资源利用率。

企业还需要考虑现金流指标，如经营现金流比率、自由现金流和现金转换周期。经营现金流比率衡量企业从核心业务中产生现金的能力，而自由现金流表示履行所有财务义务后的可用现金。现金转换周期衡量企业将投资转换为现金流的时间。这些指标可以帮助企业及时了解其企业流动性、财务灵活性和资金供应能力。

在评估不同财务绩效指标的影响和权重时，企业必须考虑行业、规模、发展阶段和战略目标等因素。技术创业公司可能会优先考虑与营收增长和投资回报率（ROI）相关的指标，而成熟的制造公司可能更关注盈利能力和资产利用率。分配给每个指标的权重应与企业的整体目标和优先事项相一致。

总之，建立健全的财务绩效指标体系并分析不同指标对企业绩效评估的影响和权重对于有效的财务管理和决策至关重要。通过定期监控和评估这些指标，企业可以深入了解自身的财务状况，识别改进的领域，并做出明智的战略决策，推动可持续增长和成功。

（二）财务绩效评估与改进

优化财务绩效评估与改进是企业持续发展和提高整体绩效水平的重要环节。财务绩效评估不仅可以帮助企业发现问题和瓶颈，还可以为企业提供有效的改进方向和策略。以下将探讨如何通过财务绩效评估和改进，提高企业整体绩效水平。

财务绩效评估应该是定期的、系统的过程。企业需要建立完善的财务绩效评估体系，包括设定明确的评估指标和标准、确定评估周期和频率、建立评估流程和责任分工等。定期的财务绩效评估可以帮助企业及时了解财务状况和经营情况，发现问题并采取及时的改进措施。

财务绩效评估需要综合考虑多方面的因素。除了传统的财务指标如利润率、资产回报率等，企业还应考虑非财务指标如客户满意度、员工绩效等。通过综合考虑多个方面的指标，可以更全面地评估企业的绩效情况，发现潜在问题并制定相应的改进方案。

财务绩效评估应该是与战略目标对齐的。企业的财务绩效评估应该与企业的战略目标和发展规划相一致，确保财务绩效评估的结果能够为企业的长期发展和战略实现提供支持和指导。评估结果应该能够为企业提供有效的战略决策和资源配置建议。

财务绩效评估需要重视数据分析和挖掘。企业应该利用现代化的信息技术手段，对财务数据进行深度分析和挖掘，发现数据背后的规律和趋势。通过数据分析，可以更准确地评估企业的财务绩效，识别问题和机会，为改进提供科学依据。

财务绩效改进需要积极探索创新方法和策略。企业应该不断引入新的管理理念和方法，结合财务技术手段和管理工具，探索适合企业实际情况的改进方案。同时，企业还应该注重员工培训和意识提升，建立学习型组织，促进财务绩效改进的持续性和可持续性。

定期、综合地对与战略目标一致的财务绩效进行评估，且结合数据分析和挖掘，积极探索创新方法和策略，可以帮助企业发现问题并及时采取改进措施，提高企业整体绩效水平，实现可持续发展和长期竞争优势。

第八章　人力资源管理与财务效益关系

第一节　人力资源投资与企业财务回报

一、人力资源投资

人力资源投资是企业为培养、吸引和留住人才而进行的资金、时间和精力投入。这种投资包括员工培训、教育、福利、健康保障，以及提供良好的工作环境等方面。人力资源投资的重要性体现在多个方面。良好的人力资源投资能够提高员工的工作技能和素质，提高团队的整体绩效和效率。人力资源投资能够增强员工的归属感和忠诚度，降低员工流失率，减少招聘和培训成本。人力资源投资有助于塑造企业良好的形象和品牌，吸引更多优秀的人才加入，促进企业持续发展。总之，人力资源投资是企业长远发展的关键战略之一，能够为企业创造更大的价值和竞争优势。

（一）人力资源投资的定义与意义

1. 人力资源投资的定义

人力资源投资是指企业对员工的培训、教育、福利和管理等方面的有计划的资金和资源投入。这种投资不仅是为了满足法律法规的要求，更是为了提升员工的整体素质和能力，从而推动企业的长期发展和竞争优势。

人力资源投资包括对员工的培训和教育的投入。这一方面涵盖了新员工的入职培训投入，帮助他们快速适应工作环境和公司文化，还涵盖了定期的职业技能培训，帮助员工提升专业技能和业务知识。通过不断提升员工的技能水平和知识储备，企业可以更好地适应市场的变化，提高工作效率和质量，增强企业的竞争力。

人力资源投资也包括对员工福利和激励措施的投入。员工福利涵盖了工资、社会保险、健康保险、员工福利计划等方面，可以提高员工的生活质量和工作满意度。激励措施如绩效奖金、股票期权、晋升机会等，可以激发员工的工作动力和积极性，提高他们的工作投入度和责任感。良好的福利和激励措施有助于企业留住优秀员工，减少员工流失率，保持其稳定性和持续发展。

另外，人力资源投资还包括对员工的管理和关怀投入。这方面包括建立健全的人力资源管理制度和流程，确保员工的权益得到保障和尊重。同时，企业还要重视员工的工作环境和工作氛围，提供良好的工作条件和员工关怀措施，关注员工的心理健康和工作满意度。有效的人力资源管理和关怀能够提高员工的归属感和忠诚度，增强员工与企业之间的共同利益和合作关系。

人力资源投资是企业为了提升员工整体素质和能力，实现长期发展目标而采取的有针对性的投资行为。通过培训、教育、福利、激励和管理等方面的投入，企业可以提升员工的技能水平、工作效率和员工满意度，从而增强企业的竞争力、持续发展能力和组织稳定性。这种投资不仅是对员工的一种支持和关怀，更是对企业未来发展的战略性考量和投资。因此，企业应该重视人力资源投资，将其作为长期发展的重要策略之一，并不断优化和完善投资方案，以实现员工和企业共同成长与发展的目标。

2. 人力资源投资的意义

人力资源是企业最宝贵的资产之一，也是推动企业发展的重要力量。投资于人力资源不仅能够提高员工的素质和竞争力，更能够为企业带来创新、增长和效益提升。这种投资的意义远远超出单纯的经济计算，这种投资是关乎企业长期发展和可持续成功的关键因素。

人力资源投资的意义在于其对员工素质和竞争力的提升。优秀的员工是企业发展的基石，他们的知识、技能和经验直接影响了企业的生产效率、产品质量和服务水平。通过投资于员工的培训、教育和职业发展，企业可以提高员工的专业素养、工作能力和团队合作精神，从而增强企业在市场竞争中的竞争力和核心竞争优势。

人力资源投资对企业创新和发展具有重要意义。优秀的人才往往能够带来创新和新思维，推动企业不断进步和发展。通过建立创新型的人才培养机制和激励机制，企业可以吸引和留住更多的人才，培养出更多的领导者和创新者，推动企业在技术、产品和管理方面不断创新和突破，实现持续发展和增长。

另外，人力资源投资也对企业效益提升具有重要意义。优秀的员工不仅能够提高生产效率和工作质量，还能够增加客户满意度和业务合作机会，促进销售增长和市场份额扩大。同时，优秀的员工忠诚度更高且更有责任感，能够减少员工流失和招聘成本，提高企业的稳定性和运营效率。这些都对企业的经济效益和综合实力产生积极影响，为企业带来更多的收益和增长。

总体来说，人力资源投资的意义在于其对员工素质和竞争力的提升、对企业创新和发展的推动以及对企业效益提升的促进。通过持续的投资于人才培养、激励和管理，企业能够建立优秀的人才队伍，增强自身的核心竞争力，实现长期稳定的发展和可持续的成功。因此，企业应该充分认识到人力资源投资的重要性，将其视为战略性的投资和发展举措，并制定科学有效的人才管理和发展策略，以实现员工和企业共同成长与发展的目标。

（二）人力资源投资的方式

优秀的人力资源管理是企业成功的关键之一，而人力资源投资方式是实现良好人力资源管理的重要途径之一。人力资源投资方式包括培训和教育、员工福利、绩效管理等方面的投资，不仅可以满足员工的需求，还可以提升员工的忠诚度和工作动力，从而为企业带来长期的竞争优势和使企业可持续发展。

培训和教育是一种重要的人力资源投资方式。通过为员工提供专业培训和持续教育，企业可以不断提升员工的技能水平和专业素养，使其适应日益复杂和竞争激烈的市场环境。培训和教育不仅可以提升员工的工作能力和创新能力，还可以增强员工的职业发展动力，促进企业内部的人才培养和流动，为企业的发展提供强有力的支持。

员工福利是另一种重要的人力资源投资方式。良好的员工福利政策可以提高员工的生活质量，增强员工对企业的归属感和忠诚度，从而降低员工流失率，减少用人成本，提高员工的工作满意度和工作动力。员工福利不仅包括基本的薪酬福利，还包括医疗保险、养老金、员工活动、员工关怀等多方面的福利。企业通过合理设计和实施这些福利政策，可以有效吸引和留住优秀人才。

另外，绩效管理也是人力资源投资的重要方式之一。建立科学合理的绩效评价体系，明确员工的工作目标和职责，提供有效的绩效考核和激励机制，可以激发员工的工作动力和积极性，促进员工的个人成长和组织绩效的提升。绩效管理不仅可以帮助企业识别和培养优秀的员工，还可以及时发现和解决员工工作中的问题和挑战，为企业的发展提供有力的人才支持。

在人力资源投资过程中，企业需要注重平衡各种投资方式，根据企业的发展阶段、业务需求和员工特点制定相应的投资策略。同时，企业需要不断创新和完善投资方式，与时俱进，来满足员工的需求，提高员工的工作满意度和忠诚度，推动企业的持续发展和竞争优势的增强。人力资源投资方式是企业实现可持续发展和保持竞争优势的重要保障，是企业经营管理中不可或缺的一部分。

二、企业财务回报

企业财务回报是指投资者通过投资企业所获得的经济效益。它包括股东的股息、股价增值及债券持有人获得的利息等。企业财务回报是评估企业绩效的重要指标之一，反映了企业在利润分配和资本增值方面的表现。高质量的企业财务回报通常意味着企业拥有良好的盈利能力和资产增值潜力，能够吸引更多的投资者，提高企业的市场价值和声誉。企业可以通过提高盈利水平、改善资产利用效率、优化资本结构等方式来增强企业财务回报能力。积极管理股利政策、加强投资者关系管理、提高企业治理水平也是提升企业财务回报的有效途径。企业财务回报是企业经营的重要目标之一，对于提升企业价值和吸引投资具有重要意义。

（一）企业财务回报的衡量方法

1. 人力资本回报率

人力资本回报率是一项关键的指标，用来衡量企业对人力资源投资所获得的经济效益和财务回报。这个指标对企业管理者来说至关重要，可以反映员工对企业利润的贡献程度，从而帮助管理者评估和优化人力资源管理策略，提高企业的绩效和竞争力。

人力资本回报率的计算包括：员工的贡献价值和投入的成本两个关键因素。员工的贡献价值可以通过他们的生产力、创造力、专业知识和技能等来衡量，这些因素直接影响了企业的生产效率和创新能力。而投入的成本则包括薪酬、培训费用、福利待遇等员工成本，以及用于人力资源管理和发展的其他支出。通过将员工的贡献价值与投入的成本进行比较，可以计算出人力资本回报率，从而评估员工投资的效果和回报。

人力资本回报率反映了企业对员工投资的管理效果和战略方向。高人力资本回报率意味着企业有效利用了人力资源，员工的贡献价值较高且成本控制得当。这可能是由于企业采取了有效的招聘和选拔策略，提供了良好的培训和发展机会，建立了积极的员工激励和福利制度，促进了员工的工作动力和忠诚度。相反，低人力资本回报率可能意味着企业存在员工流失率高、员工生产力低、成本过高等问题，需要及时调整人力资源管理策略，提升员工投资的效益和回报。

另外，人力资本回报率也可以用来比较不同企业或不同部门之间的绩效差异。通过对同行业或同类型企业的人力资本回报率进行比较分析，企业可以发现优秀的管理实践和经验，借鉴和学习其他企业的成功经验，优化自身的人力资源管理策略。同时，对不同部门或团队的人力资本回报率进行比较，企业可以发现绩效较差的部门或团队，采取相应的改进措施，提高整体企业的绩效和效率。

随着数字化技术和数据分析的发展，人力资本回报率的计算和监控变得更加精准和实时化。企业可以利用人力资源管理系统和数据分析工具，实时跟踪员工的贡献价值和成本投入，及时发现问题并采取措施进行调整和优化。这种实时监控和反馈机制有助于企业及时应对人力资源管理的挑战和问题，提高人力资本的有效利用程度，进而提升企业的绩效和竞争力。

人力资本回报率是企业评估和优化人力资源管理效果的重要指标之一。通过有效计算和监控人力资本回报率，企业可以更好地理解员工对企业的贡献价值和成本投入，及时发现问题并采取措施进行调整和优化，从而提升企业的绩效和竞争力。

2. 财务绩效指标

财务绩效指标对于评估企业的财务健康和效率至关重要。它们提供了有关利润能力、增长率、投资回报和成本效益等各个方面的要求。在评估人力资源投资时，重要的是考虑财务绩效指标，如利润增长率、销售增长率等，以确定投资的 ROI。

利润增长率是一个基本的财务绩效指标，反映了企业在特定时期内产生利润的能力。它可以衡量企业从一个时期到另一个时期净利润的增长百分比，表明企业的盈利能力趋势。较高的利润增长率表明企业健康且利润持续增长，而下降可能表明存在需要解决的挑战或低效问题。在评估人力资源投资时，比较投资前后的利润增长率可以帮助企业评估其对企业财务绩效的影响。

同样，销售增长率是另一个重要的指标，用来衡量销售收入随时间推移的增长百分比。它反映企业扩大客户群、进入新市场或改进销售策略的能力。较高的销售增长率表明企业成功渗透市场和增加营收，可以归因于有效的人力资源策略，如招聘技能人才、实施营销活动或提升客户服务。通过分析销售增长率和人力资源投资，企业可以评估其对推动销售业绩的有效性。

ROI 是一个关键的财务指标，可以评估投资相对于成本的盈利能力。它是投资所产生的净利润或收益与投资成本的比值，通常以百分比表示。在评估人力资源投资时，企业应比较不同方式的 ROI，如培训计划、招聘工作、员工发展或人力资源优化项目。ROI 大于 100%表明投资产生了比成本更多的价值或收益，使其成为企业值得的有效投资。

除了 ROI，成本效益也是评估人力资源投资时需要考虑的另一个重要方面。成本效益是衡量资源（包括财务资源）用于实现期望结果或效果的效率。它涉及分析与人力资源投资方式相关的成本，并将其与实现的收益或结果进行比较。企业可以评估每个招聘、每个培训计划的成本或每个员工离职减少的成本，并评估这些成本是否被实现的收益和财务绩效指标如利润增长率或销售增长率所证明。

将利润增长率、销售增长率、ROI 和成本效益等财务绩效指标与人力资源投资相结合对于评估投资的企业财务回报至关重要。通过分析这些指标与人力资源投资成本的关系，企业可以做出明智决策，确定人力资源策略和举措对财务绩效的影响、效率和整体影响。

（二）员工满意度和忠诚度

员工满意度和忠诚度是衡量企业人力资源管理效果的重要指标之一。这些指标反映了员工对工作环境、领导管理、福利待遇等方面的感受和态度，对企业的绩效和竞争力有着直接影响。通过考察员工满意度和忠诚度水平，企业可以评估人力资源投资对员工的影响和回报情况，从而制定更加有效的人力资源管理策略，提升企业的长期发展和财务回报。

员工满意度是评估员工对工作环境、薪酬福利、职业发展等方面感受的重要指标。满意度高的员工通常会更加投入工作，工作积极性和工作质量较高，从而提升企业的生产效率和绩效。企业可以通过定期进行员工满意度调查和反馈机制，了解员工的需求和诉求，及时解决问题，改善工作环境，提高员工工作满意度。

员工忠诚度是评估员工对企业的忠诚程度和长期留任意愿的指标。忠诚度高的员工通常会对企业有更强的归属感和责任感，愿意为企业发展付出更多努力和时间。他们不仅会更加稳定地留在企业，还会积极为企业发展贡献智慧和创新。因此，企业应该通过提供良好的职业发展机会、培训和晋升机制、激励政策等方式，提高员工的忠诚度，减少员工流失率，保持企业的人才稳定性和竞争力。

满意度和忠诚度高的员工对企业的价值是显而易见的。他们对工作的投入和积极性会提高企业的生产效率和质量，带来更高的业绩和利润。他们的高忠诚度意味着企业能够稳定地留住人才，减少招聘和培训成本，提高团队的稳定性和凝聚力。满意度和忠诚度高的员工还会成为企业的品牌代言人，推动企业形象的正面传播，吸引更多优秀人才加入。

提升员工满意度和忠诚度并不是一蹴而就的。企业需要建立完善的人力资源管理制度和政策，包括薪酬福利体系、职业发展规划、员工关怀和激励机制等方面。同时，企业还需要重视员工沟通和参与，建立良好的工作氛围和团队文化，激发员工的工作热情和创造力。通过不断地改进和优化人力资源管理实践，企业可以有效提升员工满意度和忠诚度，实现长期的财务回报和可持续发展。

第二节　薪酬管理与绩效激励策略

一、薪酬管理

薪酬管理是企业为员工提供合理、公正、有竞争力的薪酬体系，并进行有效管理的过程，其目的是激励员工提高工作绩效，增强员工的工作积极性和忠诚度。薪酬管理包括确定薪酬水平、设计薪酬结构、实施绩效考核、进行薪酬调整等环节。通过科学合理的薪酬体系，企业能够吸引和留住优秀人才，提高员工的工作满意度和忠诚度，减少人员流失，降低用工成本。同时，薪酬管理也能促进员工的个人成长和发展，提高工作绩效和生产效率，为企业创造更大的价值和竞争优势。因此，建立健全的薪酬管理体系对企业的长期发展至关重要。

（一）确定合理的薪酬结构

1. 市场薪酬调研

市场薪酬调研是企业在制定薪酬政策和管理薪酬体系时非常重要的一环。通过市场薪酬调研，企业可以了解同行业同岗位的薪酬水平，从而确保薪酬结构具有竞争力，能够吸引和留住优秀的人才。这种调研需要综合考虑行业特点、地区差异、员工能力和经验等因素，以确保制定的薪酬范围和待遇标准合理合法，符合市场潜在需求和员工期望。

市场薪酬调研需要关注同行业同岗位的薪酬水平。不同行业、不同岗位的薪酬水平可能存在较大差异，因此需要针对性地进行调研。通过收集竞争对手或同行企业的薪酬数据，包括基础工资、福利待遇、奖金激励等方面的信息，进行对比分析，了解行业内的薪酬趋势和标准，为企业制定合理的薪酬策略提供依据。

市场薪酬调研需要考虑地区差异因素。不同地区的经济发展水平、人才供需状况、生活成本等因素都会影响薪酬。因此，在进行调研时，企业需要对不同地区的薪酬情况进行比较和分析，确保薪酬待遇在特定地区具有竞争力，能够吸引和留住优秀的人才。

另外，市场薪酬调研还需要考虑员工的能力和经验等因素。不同级别、不同经验的员工在同一岗位上可能获得不同水平的薪酬待遇。因此，调研需要细分岗位，并考虑员工的工作经验、教育背景、专业技能等因素，来制定相应的薪酬标准，实现薪酬与能力、业绩的匹配。

在进行市场薪酬调研时，企业还应参考行业的薪酬标准和政策法规，确保制定的薪酬范围和待遇标准符合法律法规要求，避免出现违规行为。同时，考虑企业的财务状况和经营目标，确保薪酬支出在可承受范围内，不会对企业的经济运营造成不良影响。

2. 绩效与薪酬挂钩

将薪酬与员工绩效挂钩是企业采用的一种战略性方法，旨在建立绩效薪酬体系。这种体系将员工的薪酬直接与其绩效挂钩，为员工提供了在角色中表现卓越并对企业目标做出积极贡献的奖励激励。通过建立绩效薪酬体系，企业可以有效地奖励高绩效员工，调动员工积极性和工作动力，推动企业成功。

将薪酬与绩效挂钩的关键是建立清晰的绩效指标和评价标准。这些指标应该是客观的、可衡量的，并与每个员工的角色和责任相关联。销售人员可以根据实现的销售目标、客户满意度评级和创造的收入进行评估。运营人员可以根据工作效率、工作质量和生产率进行评估。通过定义这些绩效指标，企业可以公正地评估员工的绩效，并确定他们对公司的贡献。

一旦确定了绩效指标，企业就可以实施绩效评价流程，根据这些指标评估员工的绩效。这个评价过程应该是透明的、一致的，并定期进行，如每年或每半年一次。在绩效评价过程中，管理者应该向员工反馈其优点和缺点，并为未来的绩效设定目标。这种循环反馈对于员工了解自己的绩效如何影响他们的薪酬和职业发展至关重要。

将薪酬与绩效挂钩的下一步是确定薪酬结构和奖励体系。这包括根据绩效水平确定薪资范围、奖金结构和激励措施。表现优异的员工会获得更高的薪资调整、更大的奖金或额外的福利作为对其贡献的认可。达到但未超越预期绩效的员工会获得标准的薪资调整和奖金。这种差异化的薪酬方法奖励了高绩效员工，同时为所有员工提供了公平的薪酬。

企业还可以利用基于绩效的激励措施，如提成制薪酬、利润分享计划和绩效奖金，进一步激励员工。这些激励措施直接将薪酬与个人和团队的绩效挂钩，鼓励员工在工作中超越期望。基于绩效的激励措施还可以培养健康的竞争文化、协作和持续改进的文化。

实施基于绩效的薪酬体系需要企业内部进行有效沟通和保持高透明度。员工应清楚了解他们的绩效如何评估、如何影响他们的薪酬，以及有哪些晋升和认可机会。透明的沟通有助于建立信任、提高员工的参与度和责任感，推动员工更积极、更高效地工作。

总之，通过绩效薪酬体系将薪酬与员工绩效挂钩是一种战略性方法，可以推动员工积极性、参与度和企业成功。通过建立清晰的绩效指标、定期进行绩效评估、制定公平的薪酬结构和实施基于绩效的激励措施，企业可以有效地将员工的努力与业务目标保持一致，认可表现优异的员工，并培养卓越和持续改进的文化。

（二）非薪酬激励措施

非薪酬激励措施在现代企业管理中扮演着越来越重要的角色。除了薪酬方面，如晋升机会、培训发展、福利待遇等，也是企业吸引、激励和留住人才的重要方式。这些非薪酬激励措施旨在满足员工的全面需求，提升员工的满意度和忠诚度，从而促进企业的长期稳定发展。以下将详细探讨非薪酬激励措施在企业管理中的重要性和实施方法。

晋升机会是一种重要的非薪酬激励手段。企业通过建立合理的晋升制度和晋升通道，给予优秀员工更多的晋升机会，可以激发员工的积极性和动力。晋升不仅是对员工工作表现的认可，更是提升员工职业发展和个人成长的机会。企业可以通过清晰的晋升标准和评定机制，使员工明确工作目标，努力提升工作绩效，从而促进企业的整体业绩和竞争力提升。

培训发展是非常重要的非薪酬激励手段之一。企业通过为员工提供各种培训和发展机会，如岗位培训、技能培训、领导力发展等，可以不断提升员工的专业能力和职业素养，增强员工的竞争力和适应能力。良好的培训发展机制有助于员工实现个人价值和职业成长，也有助于企业吸引和留住优秀人才，提升企业的创新能力和竞争力。

福利待遇也是非薪酬激励措施中的重要组成部分。企业可以通过提供良好的福利待遇，如医疗保险、健康体检、员工活动、弹性工作制度等，来关心和照顾员工的身心健康，提高员工的生活质量和工作满意度。良好的福利待遇可以增强员工的归属感和忠诚度，减少员工流失率，有助于形成稳定的组织团队，推动企业持续发展。

除了上述措施，其他一些非薪酬激励方式，如员工表彰、工作荣誉、工作环境改善、员工参与决策等，也可以有效地激发员工的工作积极性和工作热情，增强员工与企业的凝聚力和合作性。

非薪酬激励措施在现代企业管理中具有重要作用。通过晋升机会、培训发展、福利待遇等方式，满足员工的多样化需求，提升员工的满意度和忠诚度，有助于企业建立稳定的团队，推动企业长期稳健发展。因此，企业应该重视非薪酬激励措施的实施，结合员工的实际需求和企业的发展目标，制定科学合理的激励政策，使员工与企业共同成长与发展。

二、绩效激励策略

绩效激励策略是指通过奖励和激励措施来促进员工提高工作的表现和实现组织目标的管理方式。其中，设定明确的绩效目标是首要步骤，确保目标具体、可衡量和可达成。采用多元化的激励方式，包括薪酬激励、晋升机会、员工福利和工作环境改善等。差异化激励策略，针对不同员工群体设计相应奖励措施，以激发员工的内在动机和潜力。需建立有效的绩效评估体系，注重绩效数据的客观性和公正性，并及时给予反馈和调整。同时，注重团队合作和协同努力，强调共同成就的价值，促进团队凝聚力和士气提升。绩效激励策略需要与企业文化和价值观相一致，不断调整和优化，以保持其有效性和可持续性。

（一）奖励机制设计

奖励机制设计是企业激励和激励管理中的重要组成部分。这一机制旨在通过奖励个人和团队的出色表现，激发员工的积极性和动力，进而提升整体绩效和工作效率。在奖励机制设计中个人奖励和团队奖励是两个关键方面，需要综合考虑员工的个体贡献和团队协作，以达到绩效激励的最佳效果。

个人奖励是针对员工个体优异表现而设立的激励措施。这种奖励形式包括奖金、晋升、荣誉称号等，具体奖励类型可根据员工的贡献和绩效水平而定。对于在工作中表现突出、成绩优异的员工，企业可以给予一定比例的奖金或晋升机会，以认可其个人努力和成就，激发其更高的工作动力和责任感。荣誉称号如“最佳员工”“优秀员工”等也是一种常见的个人奖励形式，可以提升员工的自豪感和归属感，进而增强其对组织的忠诚度和投入度。

团队奖励是针对团队协作和共同努力而设立的奖励形式。团队奖励可以增强员工之间的合作和团队精神，促进团队目标的达成。这种奖励形式可以采用团队奖金、团队旅游、集体荣誉等方式。对于在项目完成或业绩达标时取得优异成绩的团队，可以给予团队奖金或组织团队旅游活动，以表彰团队协作和集体努力的价值。团队荣誉称号如“卓越团队”“优秀团队”也可以作为团队奖励的一种形式，以鼓励团队成员共同努力、团结合作，共同追求卓越业绩。

奖励目标方面，应明确奖励机制的目标和意义，确保奖励与组织的战略目标和价值观相一致，能够有效激励员工的行为和表现。

奖励标准方面，应建立清晰的奖励标准和评估体系，包括个人绩效评估和团队绩效评估方面，确保奖励公平、公正，并且能够客观反映员工的实际表现。

奖励形式方面，应选择适合组织文化和员工需求的奖励形式，既可以是物质性奖励如奖金、福利，也可以是非物质性奖励如晋升、荣誉称号等，以满足员工的多样化需求。

激励效果评估方面，应定期评估奖励机制的激励效果，包括员工满意度、绩效改善、团队合作等方面，及时调整和优化奖励机制，确保其持续有效。

综合来看，设计合理的奖励机制是企业激励管理的核心内容之一，不仅能够激发员工的工作积极性和动力，还能够促进团队合作、提升绩效水平，为组织的长期发展和成功打下坚实基础。

（二）绩效激励与发展相结合

奖励机制设计应当紧密结合绩效激励和员工发展，以实现对员工的全面激励与支持。在现代企业管理中，奖励不仅是简单的物质奖励，更应该是一种激励，通过奖励来表彰员工的突出表现和团队协作，同时为员工提供发展机会和成长空间，使他们在工作中有成就感和满足感，并不断提升自身价值和职业素养，促进员工与企业之间共同成长。

奖励机制应当涵盖个人奖励和团队奖励两个方面。个人奖励是针对员工个人的优秀表现和工作成果，可以通过奖金、晋升、荣誉称号等形式。个人奖励不仅可以激励员工努力工作、提升业绩，还可以激发员工的内在动力和工作热情，推动他们不断挑战自我、追求卓越。而团队奖励则注重员工之间的协作和团队成绩，可以通过团队奖金、集体晋升、团队荣誉等方式进行激励，促进团队合作、凝聚团队力量，实现共同目标和成就。

奖励机制应当与绩效激励相结合，根据不同的绩效水平给予相应的奖励。这意味着绩效优秀的员工将获得较高的奖励，而绩效一般的员工则获得较少的奖励，这样可以形成公平公正的激励机制，激发员工的竞争动力和工作积极性。同时，奖励机制也应当与员工发展路径相结合，根据员工的职业发展阶段和个人发展需求提供个性化的发展计划和成长机会。这可以包括通过技能培训、岗位轮岗、项目挑战、导师辅导等方式，帮助员工不断提升自身能力和素质，实现职业生涯的发展和进步。

奖励机制应当具有透明性和公开性，员工应当了解奖励的评定标准和发放流程，避免不公平或不公正的情况发生。管理者应当建立公平公正的评价机制，根据事实和数据进行绩效评估，客观公正地评定员工的工作表现和贡献，确保奖励机制的有效性和合理性。

奖励机制应当与企业的核心价值观和发展战略相一致，奖励应当是对员工为企业价值创造和发展贡献的认可和肯定，从而激励员工对企业的忠诚度和归属感。只有合理有效的奖励机制，才能激发员工的工作热情和创造力，推动企业的持续发展和壮大。

第三节 人力资源对企业财务价值的影响

一、人力资源对企业财务价值的具体影响

人力资源是企业最重要的资产之一，对企业财务价值有着重要影响。优秀的人力资源可以提高企业的生产力和创新能力，从而提升企业的盈利能力和市场竞

争力。高素质的员工不仅能够提高工作效率和产品质量，还能够为企业创造更多的价值和利润。良好的人力资源管理能够降低员工流失率，降低用工成本，提高员工的忠诚度和工作满意度。因此，有效地管理和发展人力资源对企业财务价值的提升至关重要。企业应该注重员工的培训和发展，建立激励机制，吸引和留住人才，以实现长期稳健的财务价值目标。

（一）人力资源的概念

人力资源是指企业所拥有的员工的知识、技能、经验和能力等综合体，是企业最重要的资源之一。它体现了员工在企业中所具有的价值和潜力，是企业发展和企业竞争力的关键因素之一。人力资源的概念强调了员工作为资源的重要性，以及他们对企业创造和维持竞争优势的重要作用。

员工的知识。这涵盖了员工对行业、市场和技术的理解和掌握程度。具有丰富知识的员工能够更好地理解和应对复杂的商业环境，为企业提供更全面的决策和战略支持。知识丰富的员工还能够持续学习和适应变化，保持竞争力。

员工的技能。这指的是员工在工作中所具备的实际操作能力和技术技能。技能丰富的员工能够高效地完成工作任务，提高生产效率和质量，为企业创造更大的价值。不仅如此，员工的技能水平也直接影响企业的创新能力和市场竞争力。

员工的经验。经验是员工通过实际工作和项目参与所积累的宝贵财富。具有丰富经验的员工能够更好地应对各种工作挑战和问题，做出更明智的决策，并分享宝贵的经验教训。企业通过充分利用员工的经验，可以避免重复性错误，提高工作效率和绩效。

员工的能力。能力包括员工的适应性、创新性、领导力等。能力强的员工能够快速适应新的工作环境和变化，积极主动地提出创新性解决方案，并在团队中发挥领导作用，推动团队和企业的发展。

总之，人力资源是企业发展的核心要素之一。通过充分发挥员工的知识、技能、经验和能力，企业可以实现更高的生产效率、更好的产品和服务质量、更快的创新速度，从而提高企业的竞争力和市场地位。因此，企业应该重视人力资源的培养和发展，为员工提供良好的学习和发展环境，激励员工发挥潜力，共同促进企业和员工的共同成长与发展。

（二）人力资源管理的重要性

人力资源管理是企业发展中至关重要的一环，涵盖了招聘与培训、激励与奖励、员工福利和职业发展等多个方面。有效的人力资源管理可以为企业带来诸多益处，不仅可以提升员工的工作表现和满意度，还可以直接影响企业的财务价值创造。以下将对人力资源管理的重要性进行详细分析。

人力资源管理在招聘与培训方面发挥着重要作用。通过有效的招聘策略和流程，企业可以吸引具有优秀能力和潜力的员工，从而建立起高素质的团队。同时，定制化的培训计划可以帮助员工不断提升自身技能和知识水平，以适应市场的变化和企业的需求。这种有针对性的人才引进和培训，可以为企业提供稳定、高效的人力资源支持，促进业务的顺利运行和发展。

激励与奖励是人力资源管理的重要组成部分。通过合理设定的激励机制，企业可以激发员工的工作积极性和创造力，增强员工的工作动力和责任感。激励措施可以包括绩效奖金、晋升机会、股票期权等，旨在鼓励员工不断努力，实现个人目标与企业目标的良性互动。良好的激励体系不仅可以增加员工的工作满意度和忠诚度，还可以提高员工的工作效率和绩效水平，直接促进企业的业务增长和提升企业的盈利能力。

员工福利是人力资源管理的重要方面之一。提供良好的员工福利，如健康保险、带薪休假、弹性工作时间等，可以提高员工的生活质量和工作幸福感。员工感受到企业的关心和关爱，将更加珍惜工作机会，增强对企业的归属感和忠诚度。这有助于降低员工流失率，保持组织的稳定性和连续性，减少人力成本的浪费。

人力资源管理对企业财务价值的创造具有直接而深远的影响。有效的人力资源管理可以提升员工的工作积极性和生产力，降低员工的流失率和培训成本，从而降低了企业的人力资源成本。同时，高效的员工管理和激励措施可以提升企业的盈利能力和市场竞争力，提高企业的品牌价值和市场地位。稳定、高效的团队有助于提高工作效率、减少错误和事故，进一步降低了企业的运营成本和风险。

人力资源管理在现代企业管理中扮演着不可替代的角色，对企业的长期发展和成功至关重要。通过优化招聘与培训、激励与奖励、员工福利和职业发展等方面的管理，企业可以建立起高效、稳定的人力资源体系，推动业务的持续增长和创新发展，实现财务价值的最大化。因此，企业应该高度重视人力资源管理，将其视为战略性的核心管理领域，并不断优化和改进管理实践，以满足不断变化的市场和业务需求。

二、人力资源管理与企业财务价值创造

人力资源管理是指有效地管理和利用企业员工的知识、技能和经验，以实现企业的战略目标和财务价值创造。通过人力资源管理，企业可以提高员工的生产力和创造力，加强员工的组织认同感和忠诚度，促进员工的持续发展和成长。优秀的人力资源管理可以直接影响企业的财务绩效，包括提高销售额、降低成本、提高利润率等。通过招聘与选择、培训与发展、激励与奖励等措施，企业可以有效地吸引、留住和激励优秀人才，提升组织的竞争力和市场地位。注重员工健康与幸福，建立良好的员工关系和企业文化，也是提升人力资源管理水平的重要方面。因此，将人力资源视为企业最重要的资产之一，并加以有效管理和利用，可以实现企业的长期发展和持续价值创造。

（一）人力资源投资与回报

人力资源投资是企业对员工的培训、薪酬福利、健康管理等方面的资金投入。这种投资不仅是为了满足法律法规的要求，更是为了提高员工素质和工作效率，从而推动企业的长期发展和竞争优势。人力资源投资与回报之间存在紧密的关系，共同决定了企业的绩效表现和财务价值。

培训投资是人力资源投资的重要组成部分。企业通过培训投资为员工提供专业知识和技能培训，使员工能够更好地适应工作需求、提高工作效率。培训投资可以帮助员工提升工作技能，提高生产力和质量，增强团队协作能力，促进组织创新和发展。同时，培训投资也有助于员工个人的职业发展和提升，提高员工对企业的忠诚度和留存率。

薪酬福利投资是人力资源投资的重要方面之一。良好的薪酬福利制度可以吸引和留住优秀人才，提高员工的工作积极性和满意度。适当的薪酬水平和福利待遇可以激励员工更加努力地工作，提高生产效率和质量，增加企业的收入和利润。良好的薪酬福利政策还可以提升企业的声誉和形象，吸引更多优秀人才加入，为企业未来发展奠定良好基础。

另外，员工健康管理投资也是人力资源投资的重要方面之一。企业可以通过健康管理投资为员工提供健康体检、医疗保险、健身活动等服务，关注员工身心健康，提高员工的工作满意度和忠诚度。健康的员工能够更好地投入工作，提高工作效率和绩效，减少健康问题导致的工作停滞和人员流失，降低企业的运营成本和风险。

人力资源投资的长期回报体现在多个方面。良好的人力资源投资可以提高员工的工作效率和绩效，从而提升企业的生产力和竞争力。人力资源投资有助于培养和发展优秀人才，建立高效的团队和管理体系，为企业持续发展提供坚实的人才支持。人力资源投资还可以提升企业的声誉和品牌形象，增强企业的吸引力和竞争优势，为企业吸引更多业务机会和投资提供保障。

人力资源投资对企业的财务价值有着重要的影响。良好的人力资源投资能够提高企业的绩效表现和市场竞争力，为企业创造更多的经济价值和社会价值。因此，企业应该重视人力资本投资，制定合理的投资策略和政策，充分发挥员工的潜力和创造力，实现企业与员工共同发展的目标。

（二）员工绩效管理

员工绩效管理是企业管理中至关重要的一环。它着重对员工的绩效进行评价、激励和反馈，以实现人力资源的有效利用和管理。这一管理流程涉及诸多方面，包括设定明确的绩效目标、定期评估员工表现、提供相应的激励措施，并及时给予反馈和改进建议。通过有效的员工绩效管理，企业能够提升员工的工作效率和质量，从而影响企业整体绩效和财务价值。

员工绩效管理通过设定明确的绩效目标，帮助员工明确工作重点和期望结果。与员工共同设定具体可量化的绩效指标和目标，可以增强员工的工作动力和积极性，提高他们对工作的投入度和责任感。明确的绩效目标还有助于员工理解企业的战略目标和发展方向，与企业共同成长。

绩效评价是员工绩效管理的重要环节。通过定期评估员工的工作表现和达成的绩效目标，企业可以客观地了解员工的工作能力、工作态度和工作成果。评价结果可以作为决策和激励的依据，有助于识别员工的优势和劣势，为员工提供个性化的培训和发展机会。

绩效激励是员工绩效管理的关键环节之一。通过给予符合绩效表现的奖励和激励措施，企业可以有效激发员工的工作热情和创造力。这些奖励和激励可以是金钱激励，如绩效奖金、薪资调整或股权激励，也可以是非金钱激励，如晋升机会、培训发展、表彰和荣誉等。不同类型的激励措施适用于不同的员工群体，有助于提高员工的工作满意度和忠诚度。

绩效反馈是员工绩效管理不可或缺的一环。及时给予员工关于绩效表现的反馈和改进建议，可以帮助员工更好地了解自己的工作表现和发展方向，从而及时调整工作方式和提高工作效率。积极的绩效反馈有助于建立良好的沟通和信任关系，促进员工与领导之间的合作和协作。

总体来说，员工绩效管理对企业的绩效和财务价值具有重要影响。通过有效的绩效管理，企业可以提高员工的工作效率和质量，降低人力资源成本，增强组织的竞争力和持续发展能力。因此，企业应该重视并不断优化和完善员工绩效管理体系，实现员工和企业共同发展的目标。

第四节　创新人力资源管理模式与财务效益关系

一、创新人力资源管理模式对财务效益的影响

创新人力资源管理模式对企业财务效益有着显著的影响。新颖的管理理念和方法，如弹性工作制度、远程办公、员工参与决策等，都可以提高员工的工作满意度和忠诚度，降低员工流失率，减少招聘和培训成本。同时，创新的人力资源管理模式有助于激发员工的创造力和创新能力，提高企业的产品质量和服务水平，增强市场竞争力，从而提升企业的盈利能力和财务效益。创新的人力资源管理模式还可以优化企业内部的组织结构和流程，提高生产效率，降低运营成本，进一步增加企业的利润。因此，创新的人力资源管理模式对企业的财务效益具有积极的促进作用，是实现企业长期发展和可持续盈利的重要途径之一。

（一）创新人力资源管理的概念

创新人力资源管理的概念是指在人力资源管理领域采用新的理念、方法和工具，以提高员工工作效率、满足员工需求和促进组织发展为目标的管理模式。这种管理模式不断追求变革和创新，旨在适应快速变化的市场环境和不断发展的企业需求。创新人力资源管理强调对人才的重视和有效利用，以及建立积极的工作环境和企业文化，从而推动企业实现更高的绩效和可持续发展目标。

创新人力资源管理的重要性不言而喻。随着经济环境和社会形态的不断变化，传统的人力资源管理模式已经无法满足企业快速发展和竞争的需要。创新的管理理念和方法可以帮助企业更好地应对挑战，提高员工的工作效率和满意度，增强企业的竞争力和可持续发展能力。随着科技的发展和应用，创新人力资源管理还可以利用信息化、数字化工具和大数据分析，实现更精准、更高效的人才管理和决策支持。

创新人力资源管理的应用范围非常广泛，涉及人才招聘、培训发展、绩效考核、员工关系、薪酬福利、组织文化等多个方面。在人才招聘方面，创新人力资源管理可以借助互联网、社交媒体等渠道，实现更广泛、高效的招聘，并通过大数据分析和 AI 技术，匹配更合适的人才。在培训发展方面，创新人力资源管理可以采用在线培训、移动学习等方式，提供更灵活、便捷的学习体验，促进员工的持续学习和成长。在绩效考核方面，创新人力资源管理可以引入 360 度评价、KPI 考核等方法，实现更客观、全面的绩效评估，激励员工持续提升工作表现。在员工关系方面，创新人力资源管理可以倡导开放沟通、平等互信的企业文化，建立良好的员工关系和团队合作氛围。在薪酬福利方面，创新人力资源管理可以设计更灵活、差异化的薪酬福利体系，吸引和留住优秀人才。在组织文化方面，创新人力资源管理可以倡导创新、包容的企业文化，激发员工的创造力和团队凝聚力。

创新人力资源管理是企业在面对复杂多变的市场环境和人才挑战时的必然选择。通过引入新的理念、方法和工具，创新人力资源管理可以实现人才与业务的有效对接，推动企业实现更高的绩效和可持续发展目标。未来，随着科技和管理理念的不断发展，创新人力资源管理将继续发挥重要作用，成为企业走向成功的关键之一。

（二）创新人力资源管理模式的特点

创新人力资源管理模式具有许多独特的特点，与传统模式相比，更加灵活、注重个性化、强调员工参与和沟通等。这些特点在提升员工满意度、促进组织发展和应对变革等方面起着重要作用。

创新人力资源管理模式更加灵活。传统的人力资源管理往往采取固定的制度和流程，而创新模式更加灵活，注重根据实际情况和需求进行调整和优化。这种灵活性可以更好地满足员工的个性化需求，提供更加个性化的服务和支持，增强员工对组织的归属感和忠诚度。

创新人力资源管理模式注重个性化。传统模式可能过于“一刀切”，而创新模式更加注重员工的个性化需求和差异化管理。通过制订个性化的发展计划、提供个性化的福利待遇和激励措施，企业可以更好地激发员工的工作热情和创造力，提高员工的工作效率和质量。

创新人力资源管理模式强调员工参与和沟通。在传统模式中，员工可能只是被动地接受管理和安排，而创新模式鼓励员工参与管理决策、表达意见和建议，提供开放的沟通渠道和机制。这种参与和沟通能够增强员工的责任感和归属感，增强团队协作和凝聚力，有利于推动企业的发展和变革。

创新人力资源管理模式对企业员工和企业本身有着积极的影响。对于员工而言，创新模式提供了更加灵活、个性化的工作环境和发展机会，能够激发他们的工作热情和创造力，提升工作满意度和忠诚度。同时，强调员工参与和沟通也能够增强员工的自信心和自我管理能力，有助于个人职业发展和成长。对于企业组织而言，创新人力资源管理模式能够帮助企业更好地吸引和留住人才，提升组织的竞争力和创新能力。灵活的管理模式能够更好地适应市场变化和需求变化，提高组织的适应性和灵活性。强调员工参与和沟通也有助于构建和谐的组织氛围，增强团队协作和凝聚力，推动企业的发展和变革。

总体来说，创新人力资源管理模式在提升员工满意度、促进组织发展和适应变革等方面具有显著的优势。企业应该重视创新模式的实施和应用，不断优化和完善人力资源管理体系，为员工和企业共同发展创造更加有利的环境和条件。

二、财务效益与创新人力资源管理模式实践

财务效益与创新人力资源管理模式的实践密切相关。通过创新人力资源管理模式，企业可以更好地发掘和激发员工的潜力，提高员工的工作效率和生产力，从而直接影响企业的财务绩效。采用灵活的薪酬体系、强调员工培训与发展、提供良好的工作环境和福利待遇等创新举措，能够吸引优秀人才，降低员工流失率，提高员工满意度和忠诚度。同时，创新人力资源管理模式也能够促进团队合作和创新能力的提升，推动企业的业务模式创新和产品服务创新，进而实现财务效益的持续提高。因此，企业应不断探索和实践创新的人力资源管理模式，与财务目标相一致，实现人力资源的战略性价值和做出贡献，为企业的可持续发展提供强有力的支撑。

（一）创新人力资源管理模式的实施

创新人力资源管理模式的实施是企业在人力资源管理领域追求长期发展和保持竞争优势的重要举措。传统的人力资源管理模式已经逐渐难以满足企业在快速变化的市场环境中对人才管理的需求，因此许多企业开始探索和实施创新的人力资源管理模式。这些创新模式与传统模式具有更加灵活、个性化、注重员工参与和沟通等特点，对企业员工和企业自身都有着积极的影响。

创新人力资源管理模式更加灵活。传统的人力资源管理模式往往是以规章制度为主导，对员工的工作和生活都有较为严格的管理规定。而创新模式更加注重弹性化管理，允许员工更加灵活地选择工作方式和时间，提倡工作与生活的平衡。这种灵活性可以增强员工的工作满意度和投入度，有助于提高员工的工作效率和创造力。

创新人力资源管理模式注重个性化。传统模式往往采取“一刀切”的管理方式，缺乏针对个体员工的差异化管理。而创新模式强调对员工个性和需求的关注，通过定制化的培训、发展计划和福利待遇，满足员工的个性化需求，提升员工的工作动力和满意度。这种个性化管理有助于激发员工的潜力和创造力，增强员工的归属感和忠诚度。

创新人力资源管理模式强调员工参与和沟通。在传统模式中，员工往往是被动地接受管理决策和安排的对象，缺乏对管理决策的参与和沟通机会。而创新模

式倡导员工参与决策和管理过程，建立开放的沟通机制，鼓励员工提出建议和意见。这种参与性和沟通性有助于增强员工对企业的认同感和归属感，促进员工与企业之间的合作和共同发展。

创新人力资源管理模式的实施对企业员工和企业自身的影响是多方面的。对员工而言，创新模式可以提升他们的工作满意度和幸福感，增强对企业的忠诚度和归属感。员工参与决策和沟通的机会也可以激发员工的工作热情和创造力，提高工作效率和质量。对企业组织而言，创新模式可以提升企业的员工绩效和团队合作效能，降低员工流失率，增强企业的稳定性和竞争力。

在实施创新人力资源管理模式过程中，建立财务效益评估体系是至关重要的一步。通过量化创新模式对企业财务效益的影响，企业可以更加客观地评估创新模式的成效和效益。财务效益指标的变化趋势和影响因素分析是评估创新模式实施效果的关键。这包括但不限于员工工作效率的提高、员工流失率的降低、生产效率和质量的提高等。通过对这些指标的监测和分析，企业可以及时调整和优化创新模式，实现更好的财务效益和企业发展目标。

（二）创新人力资源管理模式的调整与优化

创新人力资源管理模式的调整与优化是企业持续发展和提升竞争力的关键步骤。财务效益评估体系，能够量化创新人力资源管理模式对企业财务效益的影响，从而为及时调整和优化提供有力支持。在评估结果的基础上，企业可以探讨如何持续改进创新人力资源管理模式，以实现持续的财务效益提升。

财务效益评估体系应该综合考虑多个方面的指标，如人力成本控制、员工绩效提升、员工流失率降低、员工满意度提高等。这些指标反映了创新人力资源管理模式在财务方面的影响，能够客观评估模式的有效性和价值。通过对这些指标的量化分析，企业可以清晰地了解创新人力资源管理模式对财务效益的实际影响情况。

企业应根据财务效益评估结果及时调整和优化创新人力资源管理模式。如果评估结果显示人力成本控制效果不佳，可能需要优化薪酬激励机制或者调整组织架构，以实现更有效的成本管理。如果员工绩效提升效果有待提高，可以加强培训和发展计划，提升员工的技能水平和工作表现。总之，调整和优化应该根据评估结果有针对性地进行，以确保创新人力资源管理模式的有效性和可持续性。

持续改进创新人力资源管理模式是实现持续财务效益提升的关键。企业应该建立一个灵活、反馈迅速的管理机制，不断收集员工和管理者的反馈意见，及时调整和改进管理模式。同时，要关注行业趋势和最佳实践，借鉴他人成功经验，不断优化自身的管理模式。积极推动数字化人力资源管理工具的应用，利用数据分析和 AI 技术，为管理决策提供更科学、更精准的支持。

创新人力资源管理模式的调整与优化是一个持续不断的过程。通过建立有效的财务效益评估体系，及时调整和优化管理模式，并持续改进和创新，企业可以实现持续的财务效益提升，提升竞争力和可持续发展能力。

第九章　特定行业财务管理实践

第一节　金融服务业的财务管理策略

一、金融服务业财务管理内容

（一）资金管理

1. 流动性管理

流动性管理是金融机构必须重视的重要工作之一。流动性管理旨在确保金融机构拥有足够的流动性资金，以满足日常运营和客户提取资金的需求。为了保持良好的流动性水平，金融机构需要通过合理管理资产和负债结构，以及采取有效的流动性管理措施，保证流动性风险在可控范围内。

金融机构需要合理管理资产和负债结构，以确保具备足够的流动性储备。在资产管理方面，金融机构可以通过多元化投资组合、优化资产配置和控制资产负债表风险，来提高资产的流动性和转化能力。对于短期资产和现金等流动性较高的资产，金融机构需要适时进行管理和调整，确保能够满足突发资金需求。

在负债结构管理方面，金融机构需要谨慎管理各类负债，避免长期资金与短期资金错配，导致流动性压力。金融机构可以通过发行短期债券、利用回购协议等手段，获取短期资金支持，降低流动性风险。同时，对于长期负债，金融机构也需要合理安排偿还计划，避免在短期内面临偿债压力而影响流动性。

2. 资本管理

资本管理是金融机构管理中至关重要的一环，其目的在于确保金融机构拥有足够的资本储备，以满足监管要求和业务发展需要。资本管理涉及多个方面的内容，包括资本充足率的维护、资本结构的优化、资本风险的管理及资本利用效率的提高等。在金融领域，资本是金融机构运营和发展的重要支撑，因此有效的资本管理对于金融机构的稳健经营和可持续发展至关重要。

资本充足率是资本管理的核心指标之一。金融机构需要根据监管要求和内部风险评估，确保其资本充足率处于合规水平以上。资本充足率反映了金融机构抵御风险的能力，高资本充足率意味着金融机构在面对风险时有足够的资本储备，能够保持稳健运营。因此，金融机构需要密切监控资本充足率的变化，及时采取措施调整资本结构，以确保资本充足率在可控范围内。

资本结构的优化是资本管理的重要内容之一。金融机构需要根据业务特点、风险偏好和市场环境等因素，合理配置资本结构，平衡资本的长期性和短期性、固定性和流动性。优化资本结构可以提高资本利用效率，降低资本成本，也有助于降低资本风险。金融机构可以通过资本成本分析、财务杠杆调整等手段优化资本结构。

（二）资产负债管理

资本管理是金融机构及其他企业重要的战略管理领域之一。资本的合理配置和管理对于企业的稳健经营和可持续发展至关重要。其中，负债结构的稳健与优化也是资本管理中不可忽视的一部分。在这个领域中，资产负债管理（Asset and Liability Management，ALM）扮演着重要角色。下面将深入探讨 ALM 的核心概念、方法及其对企业的重要性。

ALM 包括资产配置和负债结构两个方面。资产配置是指根据市场情况和风险偏好，合理配置资产组合，以实现风险与收益的平衡。这一过程需要综合考虑市场趋势、投资风险、资产流动性、回报率等因素，从而确定最佳的资产配置方案。金融机构通常会采取资产多样化投资的策略，通过投资于不同类别的资产，如股票、债券、房地产等，降低整体投资组合的风险。定期评估资产配置的效果，并根据评估结果进行调整和优化，有助于提高资产配置的效率和收益。

负债结构的稳健与优化同样至关重要。金融机构需要确保其负债结构稳健，以降低负债风险和资金成本。企业通过债务管理、资金来源多样化等方式，可以优化负债结构和提高资金利用效率。金融机构可以选择多元化的融资方式，包括发行债券、吸收存款、利用金融衍生产品等，来降低融资成本并分散负债风险。同时，及时调整和管理负债结构，根据市场变化和企业需求进行灵活调整，有助于提高资金利用效率和降低负债风险。

资产负债管理的重要性不仅在于实现资产和负债的有效匹配，还在于其对企业整体经营和风险管理的影响。通过科学合理的资产负债管理，企业可以有效降低金融风险，提升盈利能力和提高资本利润率，增强企业的经营稳定性和抗风险能力。同时，良好的资产负债管理也有助于提升企业的信誉度和市场声誉，吸引更多的投资者和合作伙伴，推动企业持续健康发展。因此，资产负债管理应被视为企业战略管理中不可或缺的一环，企业应该加强对资产负债管理的重视和实践，以实现长期可持续发展的目标。

二、金融服务业的财务创新

（一）金融科技应用

金融科技应用正在逐步改变着金融行业的格局和运作方式。其中，区块链技术作为一种分布式数据库技术，具有去中心化、不可篡改、透明高效等特点，被广泛应用于金融领域，为金融服务带来了前所未有的安全性、透明度和效率。特别是在数字货币发行和智能合约方面，区块链技术展现了巨大的潜力，推动金融业务的创新和发展。

区块链技术在数字货币发行方面发挥着重要作用。通过区块链技术，数字货币可以实现去中心化管理，确保交易数据的安全性和可靠性。比特币等加密数字货币便是区块链技术的典型应用，它们的发行和交易完全依赖于区块链技术，去除了传统金融系统中的中介机构和烦琐的交易流程，降低了交易成本和时间，提高了交易的透明度和可追溯性。

智能合约是区块链技术的又一重要应用领域。智能合约是一种基于区块链的自动执行合约，其执行过程不需要第三方中介机构的干预，具有自动化、透明、不可篡改的特点。智能合约可以应用于金融产品的发行、交易结算、合同管理等方面，极大地提高了金融服务的效率和可信度。在借贷业务中，借款人和放款人可以通过智能合约实现自动化的借贷流程，节省了大量人力和时间成本，同时降低了风险。

此外，区块链技术还可以应用于金融交易的结算与清算、风险管理、客户身份验证等方面。采用区块链技术的结算系统可以实现即时结算和减少纠纷，提高了金融交易的效率和安全性。在风险管理方面，区块链技术可以通过智能合约实现自动化的风险评估和管理，降低了金融机构的风险。区块链技术的身份验证机制也可以有效防止身份盗用和欺诈行为，保护客户的个人信息和资产安全。

综合来看，区块链技术在金融科技应用方面具有巨大的潜力和优势。探索区块链技术在数字货币发行、智能合约、结算与清算、风险管理等方面的应用，可以提升金融服务的安全性、透明度和效率，促进金融业务的创新和发展。随着区块链技术的不断演进和完善，将为金融行业带来更多的机遇和挑战，推动金融领域向着数字化、智能化的方向迈进。

（二）金融产品创新

金融产品创新是指金融机构通过开发新型金融产品，如结构化投资产品、保险资管产品等，满足客户多样化的投资需求，从而提高市场竞争力和服务水平。在当今金融市场竞争激烈的背景下，金融产品创新成为金融机构追求发展和增强竞争力的重要途径之一。

金融产品创新能够满足客户多样化的投资需求。随着经济社会的发展和人民生活水平的提高，投资者对金融产品的需求越来越多样化和个性化。传统的金融产品已经无法完全满足客户的需求，因此金融机构需要不断创新，开发新型金融产品，以满足客户对风险、收益、流动性等方面的不同需求。结构化投资产品可以根据客户的风险偏好和投资目标，设计出不同类型的投资组合，从而实现风险与收益的平衡。保险资管产品则可以将保险和资产管理相结合，提供更多元化的投资选择。

金融产品创新有助于提高金融机构的市场竞争力。在竞争激烈的金融市场中金融机构需要不断创新，提供具有竞争优势的金融产品，以吸引更多客户和使更多资金流入。通过开发具有差异化和特色化的金融产品，金融机构可以获得更多市场份额，提升品牌知名度和声誉，增强客户忠诚度，从而实现市场竞争力的提升。金融产品创新还可以带来新的盈利增长点，促进金融机构业务的多元化和可持续发展。

金融产品创新可以推动金融市场健康发展。通过开发新型金融产品，金融机构可以引入更多创新性和前瞻性的理念和技术，促进金融市场的不断完善和发展。利用科技手段和大数据分析，金融机构可以开发智能投顾产品，为客户提供更精准、个性化的投资建议和服务。这样的创新不仅有助于提升客户体验，还可以推动金融市场向更加智能化、高效化的方向发展。

金融产品创新是金融机构实现可持续发展和增强市场竞争力的关键之一。金融机构通过不断创新，开发新型金融产品，可以满足客户多样化的投资需求，提高其市场竞争力，推动金融市场的健康发展。金融机构应该积极倡导创新文化，加大研发投入，不断提升产品创新能力和市场适应能力，为客户和行业带来更多价值和发展机遇。

第二节　制造业的财务管理创新与挑战

一、制造业财务管理创新

（一）数字化财务管理

数字化财务管理是指将企业的财务管理系统迁移到云端，利用先进的数字技术和工具实现财务数据的实时共享和远程管理。这种管理方式在当今数字化时代具有重要意义，可以带来诸多优势和便利，对企业的财务运作和管理流程产生深远的影响。数字化财务管理的核心目标是提高数据的安全性和可访问性，同时降低信息传递成本，加快决策速度，从而有效支持企业的业务发展和决策制定。

数字化财务管理通过将财务管理系统迁移到云端，实现了财务数据的实时共享。传统的财务管理系统往往局限于特定的物理位置或网络，导致信息无法实时共享和更新。而数字化财务管理则是将财务数据存储在云端，使各部门和相关人员可以随时随地访问和共享最新的财务信息。这种实时共享的特性有助于提高信息的及时性和准确性，使决策者可以基于最新数据做出准确的决策。

数字化财务管理可以提高数据的安全性。云端存储通常会配备高级的数据安全措施，如加密技术、身份验证、数据备份等，可以有效保护财务数据的安全。相比于传统的本地存储方式，数字化财务管理具有更高的安全性，能够有效防止数据泄露、损坏或丢失，提升企业的数据安全保障能力。

数字化财务管理可以提高财务信息的可访问性。传统的财务管理往往需要依赖特定的办公环境或设备进行访问和操作，而数字化财务管理则使财务信息可以通过互联网随时随地访问。这种便利性使企业的管理人员和决策者可以更加灵活地查看和分析财务数据，随时掌握企业的财务状况，及时发现问题并作出调整。

数字化财务管理能够降低信息传递成本。传统的信息传递方式通常需要依赖纸质文档、传真、传统邮件等，存在信息传递速度慢、成本高、易丢失等问题。而数字化财务管理通过电子化的方式，可以实现快速的信息传递和交流，降低了沟通和传递信息的时间和成本，提高了工作效率。

数字化财务管理还可以加快决策速度。由于数字化财务管理使财务数据的获取和分析更加方便和及时，因此决策者可以更快地获得准确的财务信息，并基于数据进行分析和评估，从而做出更加明智和迅速的决策。这有助于企业更好地把握市场机遇，应对挑战，提高竞争力。

数字化财务管理在现代企业管理中具有重要意义。通过实现财务数据的实时共享、提高数据安全性和可访问性、降低信息传递成本、加快决策速度等方面的优势，数字化财务管理有助于提升企业的管理效率、降低运营成本、提高决策准确性，为企业的长期发展提供强有力的支持和保障。因此，推动数字化财务管理在企业中的应用是当前企业管理的重要课题之一。

（二）数字化财务报告

数字化财务报告是指利用数字化技术和工具，制定一套标准化的财务报告模板，实现财务信息的可视化和动态化呈现。这种财务报告的特点是实时性强、信息准确、形式多样，可以通过图表、数据分析等方式直观地展示企业的财务状况和业务运营情况。数字化财务报告的实施可以为企业管理层提供准确的决策支持，帮助他们更好地了解企业运营状况，制定有效的战略方向，推动企业持续发展。

制定数字化财务报告标准是数字化财务报告实施的基础。数字化财务报告标准应包括报告格式、内容要求、数据采集和处理方法、信息披露要求等方面的规定。制定统一的标准，可以确保各个部门和单位在财务报告编制过程中遵循同一标准，提高报告的准确性和可比性。

数字化财务报告实现了财务信息的可视化和动态化呈现。传统的财务报告往往以文字和数字为主，难以直观地展示企业的财务状况和业务运营情况。而数字化财务报告则可以采用图表、数据等可视化工具，将财务数据转化为可视化的形式，让管理层能够直观地了解企业的财务状况，快速发现问题和趋势，及时做出调整和决策。

数字化财务报告可以提供实时报告和分析。传统的财务报告往往需要较长时间来编制和审核，导致报告的时效性较低。而数字化财务报告则可以实现财务数据的实时更新和分析，随时生成最新的报告，并通过数据分析工具对财务数据进行深入分析。实时报告和分析的这一特点有助于管理层及时了解企业的运营状况和财务状况，并做出及时有效的决策。

数字化财务报告为管理层提供了准确的决策支持。通过数字化财务报告，管理层可以直观地了解企业的财务状况、资金流动情况、业务运营情况等重要信息，从而为战略决策和业务运营提供有力支持。数字化财务报告还可以通过数据分析和预测模型，帮助管理层更好地把握市场趋势和机遇，制定有效的发展战略，推动企业实现长期稳健发展。

总之，数字化财务报告是现代企业管理不可或缺的重要工具。通过制定标准化的报告模式、实现财务信息的可视化和动态化呈现、提供实时报告和分析等方式，数字化财务报告可以为管理层提供准确、及时的财务信息和决策支持，帮助企业更好地应对挑战，实现可持续发展。因此，推动数字化财务报告的实施对于企业管理具有重要意义，值得高度重视和积极推进。

二、制造业财务管理挑战

（一）复杂供应链管理

复杂供应链管理是现代制造业企业面临的重要挑战之一，涉及多个供应商的管理，包括谈判、合同管理、履约等环节。这一过程需要企业建立高效的供应链管理系统，以提高供应商协作效率，确保物料供应的及时性和质量稳定性。在复杂供应链管理中，企业需要考虑多方面因素，包括供应商选择、风险管理、信息技术支持等，以实现供应链的优化和卓越运作。

复杂供应链管理涉及供应商选择和谈判环节。企业需要通过市场调研和评估，选择符合企业需求并具有稳定供货能力的供应商。在谈判过程中，企业需要明确合作条件和要求，包括价格、交货期、质量标准、服务水平等，以确保双方达成共识，并建立合作关系。

复杂供应链管理需要进行合同管理。合同是供应链管理的重要依据，其中包括双方的权利、义务、责任和约束条款。企业需要建立合同管理体系，确保合同的执行和履行，避免合同纠纷导致的供应链问题出现。

另外，复杂供应链管理还涉及履约环节。供应商的履约能力直接影响企业的生产和运营效率。企业需要建立供应商绩效评估机制，定期评估供应商的供货质量、交货准时率、服务响应速度等方面的表现，及时发现问题并采取措施加以改进。

（二）风险管理

风险管理在供应链管理中扮演着至关重要的角色。供应链的复杂性使企业面临着多种风险，包括市场风险、财务风险等，这些风险可能对企业的运作和利润造成不利影响。因此，建立有效的风险管理机制应对各种风险，是供应链管理中必不可少的一环。

市场风险是供应链管理中常见的风险之一。市场风险可能包括市场需求波动、竞争加剧、政策法规变化等因素带来的不确定性。为了应对市场风险，供应链管理需要进行市场调研和分析，及时了解市场变化趋势，制订灵活的供应链计划和制定较全面的供应链策略，调整生产和供应计划以适应市场需求的变化。建立弹性供应链，加强与供应商和客户的沟通和协作，可以有效减少市场风险对企业的影响。

财务风险也是供应链管理中需要关注的重要风险之一。财务风险包括资金周转不畅、汇率波动、供应商信用风险等。为了管理财务风险，企业可以采取多种措施，如建立健全的财务管理制度和内部控制体系、加强资金管理和预算控制、进行有效的财务规划和预测、寻找多元化的融资渠道，来降低财务风险带来的影响。

供应链管理还可能面临其他风险，如供应商风险、物流风险、自然灾害风险等。为了应对这些风险，供应链管理需要建立全面的风险管理机制，包括风险评估、监控和应对措施等方面。企业可以通过引入风险管理工具和技术，如供应链可视化系统、风险预警系统等，及时识别和评估风险，并制定相应的风险管理策略和预案。同时，加强与供应商和合作伙伴的沟通和合作，建立稳固的供应链关系，也是有效管理风险的重要手段。

总之，风险管理在供应链管理中是不可或缺的。通过有效的风险管理机制，企业可以及时应对各种风险，保障供应链的稳定运作，提高供应链的灵活性和抗风险能力，从而为企业的可持续发展和竞争优势打下坚实基础。

第三节　零售业的财务管理实践

一、零售业财务管理的内容

（一）财务规划与预算管理

财务规划与预算管理在零售业中占据极其重要的地位，特别是在资金管理方面。零售业作为日常经营活动频繁、资金流动性较高的行业，需要精确的财务规划和有效的预算管理来确保业务的稳健发展。财务规划与预算管理包括现金流管理、资金结构优化及财务风险管理等，对零售企业的经营状况和未来发展有直接影响。

现金流管理是零售业财务规划和预算管理的核心内容之一。现金流管理旨在确保企业现金始终具备足够的流动性，能够满足日常经营活动的需要，包括支付供应商、薪资发放、租金及其他固定成本支出等方面。通过合理的现金流管理，零售企业可以避免资金周转不畅、支付困难的问题，保持业务的正常运转。

资金结构优化也是财务规划和预算管理的重要内容之一。资金结构优化意味着零售企业要合理配置资金的来源和用途，以达到最低的融资成本和最高的资金利用效率。这包括选择合适的融资方式，如债务融资、股权融资等，并且要综合考虑企业的财务状况、市场环境、未来发展规划等因素，确保资金结构的稳健性和灵活性。

另外，财务风险管理也是零售企业财务规划和预算管理中不可忽视的一环。财务风险包括市场风险、信用风险、流动性风险等，对企业的经营和发展具有潜在的影响。有效的财务风险管理需要建立完善的风险评估体系和控制机制，及时识别和评估风险，并采取相应的对策和措施进行防范和化解，以确保企业财务的稳健和安全性。

财务规划和预算管理对零售企业的稳健发展具有重要的意义和影响。良好的财务规划和预算管理可以有效应对外部环境的变化和不确定性，提高企业的抗风险能力，可以优化资金的使用效率，降低企业的融资成本和经营风险，提升企业的信誉度和市场声誉，吸引更多的投资者和合作伙伴。因此，建立健全的财务规划和预算管理体系，加强资金流动性管理，对于零售企业实现稳健发展具有重要的积极意义。

（二）成本控制与效益分析

在零售业中，成本控制是至关重要的管理活动之一，包括采购成本、运营成本和人力成本等方面的控制。有效的成本控制不仅可以降低企业的运营成本，提高盈利能力，还可以提升企业竞争力，确保长期可持续发展。此外，效益分析在财务管理中也扮演着重要角色。它评估了企业投资决策和经营活动的盈利能力，为企业提供了科学的依据，帮助企业做出明智的决策，达到效益最大化的目标。

成本控制在零售业中的重要性不可低估。采购成本控制是其中一个重点，通过与供应商进行有效谈判、优化采购流程、合理选择供应商等方式，可以降低采购成本，提高毛利率。运营成本控制也是关键，包括仓储物流成本、员工管理成本、租金等方面。企业通过精细化管理、优化流程、降低浪费，可以有效控制运营成本，提高企业的利润率。另外，人力成本是零售企业的重要支出之一，合理设置薪酬政策、优化人力资源配置、提高员工工作效率，都可以有效控制人力成本，实现成本控制的目标。

效益分析在财务管理中扮演着至关重要的角色。效益分析主要通过对企业投资决策和经营活动进行评估，揭示了各项活动的盈利能力，有助于企业确定最优的经营方向和战略。在投资决策中，对投资项目的预期收益、风险、回报周期等方面进行综合分析，可以帮助企业选择具有较高投资回报率和较低风险的项目，提高投资效率。在经营活动中，对不同产品、渠道、市场的效益进行分析，可以帮助企业调整经营策略，优化资源配置，提升盈利能力。

成本控制与效益分析是财务管理中的两个重要方面。成本控制是确保企业长期稳健发展的基础，通过优化采购、运营和人力等方面的成本，提高企业的盈利能力和竞争力。而效益分析则是为企业提供了科学的决策依据，通过对投资和经营活动的盈利能力进行评估和分析，帮助企业实现效益最大化，达到长期可持续发展的目标。因此，零售企业应重视成本控制与效益分析，将其纳入财务管理的重要议程，并通过科学的方法和工具实施和落地。

二、零售业财务风险管理

（一）风险识别与评估

风险识别与评估在零售业经营中具有重要意义，零售业面临着诸多特定的经营风险。库存风险是零售业经营中常见的风险之一。随着市场需求和消费者偏好的变化，零售商可能面临库存积压或者过度采购导致的库存滞销问题。销售渠道风险涉及销售渠道的多样化和渠道管理的挑战。不同销售渠道的运营效果可能存在差异，需要零售商进行合理的渠道选择和管理。经营策略风险包括市场竞争、价格波动、供应链管理等方面的挑战，需要零售商审慎制定和调整经营策略，降低风险并保持竞争力。

对零售业而言，经营风险的特点主要体现在以下几个方面：首先，零售业受市场环境和消费者行为的影响较大，市场需求和消费趋势的变化可能对企业经营产生重大影响。其次，零售业的竞争程度较高，不同零售商之间的竞争可能导致价格战、市场份额争夺等情况出现，增加了经营风险。零售业的供应链较长，涉及供应商、物流等多方面的合作，一旦供应链出现问题可能会影响产品供应和销售。最后，零售业还面临着消费者需求多样化、行业监管政策变化等方面的挑战，需要企业及时应对和调整经营策略。

针对零售业的这些特点和风险，经营风险管理显得尤为重要。风险识别与评估可以帮助零售企业全面了解并量化各种经营风险，有针对性地制定风险管理策略。通过风险评估，企业可以分析各种风险的潜在影响和可能性，有利于及时应对和降低风险发生的概率。风险管理有助于提高企业的业绩和财务稳定性。有效的风险管理可以降低经营风险对企业经营和财务状况的影响，减少经营损失，保障企业的盈利能力和财务稳定性。良好的风险管理还可以提升企业的信誉和声誉，增强投资者和消费者的信任度。

在风险管理方面，零售企业可以采取一系列措施来应对不同的经营风险：首先，建立健全的风险管理体系和机制，明确责任和任务分工，确保风险管理工作的顺利开展。其次，加强对市场环境和行业变化的监测和分析，及时发现和识别潜在风险，采取有效的预防和控制措施。再次，加强内部管理和控制，优化运营流程，提高效率和响应能力，降低经营风险的发生和影响。最后，加强与供应商、消费者、政府监管机构等多方合作，建立良好的合作关系，共同应对行业挑战和风险。

风险识别与评估在零售业经营中至关重要。全面了解经营风险的特点、量化风险的影响、制定有效的风险管理策略和措施，可以帮助零售企业有效降低风险，保障经营稳定性，提升竞争力和盈利能力。因此，建议零售企业高度重视经营风险管理，首先从风险识别和评估做起，不断完善风险管理体系，提升应对风险的能力和水平，实现长期可持续发展。

（二）财务风险

财务风险管理是零售业中至关重要的一环，涉及资金、信用、汇率等多个方面的风险，对企业的财务健康和可持续发展具有直接影响。在零售业中，由于市场竞争激烈、经营环境不确定性高，以及对供应链管理和客户信用管理的要求较高，财务风险管理显得尤为重要。以下将就财务风险管理的关键作用、对企业的影响及相应的管理策略进行探讨。

资金风险是零售企业面临的主要财务风险之一。资金风险包括资金周转不畅、流动性不足、资金投资收益率下降等问题。这些问题可能导致企业无法按时支付应付账款，影响业务的正常运营。为应对资金风险，企业可以制定严格的资金计划和预算，优化现金管理流程，确保资金充裕且合理利用。

信用风险是指企业在与客户、供应商、合作伙伴等方面存在的风险。对于零售企业而言，客户的信用风险尤为重要，客户的支付能力直接影响企业的收入和现金流。为了降低信用风险，企业可以建立客户信用评估体系，加强对客户信用状况的监控和管理，及时采取措施应对信用违约风险。

汇率风险也是零售企业需要关注的重要财务风险之一。随着全球化程度的加深，企业可能涉及跨国交易、海外投资等活动，导致受到汇率波动的影响。为了规避汇率风险，企业可以采取多种策略，如使用外汇衍生品进行套期保值、选择具有稳定汇率的交易对象等，以降低汇率波动对企业经营的不利影响。

财务风险对企业的影响是多方面的。财务风险可能导致企业面临资金周转不灵活、现金流紧张等问题，从而影响企业的正常运营。财务风险还可能影响企业的信誉和声誉，一旦发生财务风险事件，可能会对企业形象和市场信任产生负面影响。财务风险还可能对企业的投资决策产生影响，限制企业的发展空间和增长潜力。

为了有效管理财务风险，企业可以采取一系列的管理策略和措施。首先，建立完善的财务风险评估体系，全面了解企业所面临的各类财务风险，及时发现和识别潜在风险点。其次，制定针对性的风险管理策略和应对措施，包括建立风险预警机制、制定风险管理政策、建立风险管理团队等。最后，加强内部控制和审计，确保财务数据的准确性和可靠性，提高风险防范和应对能力。

财务风险管理在零售业中具有关键作用，对企业的财务健康和可持续发展至关重要。建立完善的风险管理机制，合理应对资金、信用、汇率等多种风险，可以有效降低财务风险对企业的不利影响，确保企业经营的稳健和健康发展。

第四节　科技行业的财务管理前沿与趋势

一、科技行业财务管理前沿技术

科技行业财务管理前沿技术包括 AI、大数据分析、区块链和云计算等。AI 可用于财务数据的自动化处理和智能预测分析，提高财务决策的准确性和效率。大数据分析可以帮助企业从海量数据中发现潜在的商业机会和风险，优化财务策略和运营管理。区块链技术可以提供安全可靠的分布式账本，用于加密货币支付、智能合约和供应链金融等领域，提升财务交易的透明度和安全性。云计算可以降低企业的IT成本，提高数据存储和处理的灵活性和可扩展性，加速财务信息的获取和共享。这些前沿技术的应用将推动科技行业财务管理实现数字化转型，提升企业的竞争力和创新能力。

（一）数字化财务管理

数字化财务管理是指利用现代科技手段，通过财务管理软件、数据分析工具等数字化工具和系统进行财务管理和决策。在科技行业，数字化财务管理已经成为一种普遍采用的财务管理方式，对企业的财务决策和运营效率产生了积极的影响。

数字化财务管理工具能够提供更快速、准确的财务数据处理和分析能力。传统的手工财务处理往往需要大量的时间和人力成本，而数字化财务管理系统可以自动化处理财务数据、生成财务报表，并且能够进行多维度的数据分析，为企业提供更加精准的财务信息。这种高效的数据处理和分析能力有助于科技企业及时获取财务信息，准确评估企业的财务状况，从而更好地制定财务决策。

数字化财务管理工具能够提高科技企业的财务管理水平和运营效率。通过数字化工具，企业可以实现财务数据的实时共享和远程管理，促进不同部门之间的协作和沟通。数字化财务管理系统还可以帮助企业优化财务流程，简化财务操作，降低财务管理成本，提高运营效率。企业采用智能财务软件可以实现自动化的账务处理、发票管理等，节省了大量人力和时间成本。

另外，数字化财务管理工具还能够提高科技企业的决策效率和准确性。通过数据分析工具，企业可以对财务数据进行深入分析，发现潜在的财务问题和机会，为管理层提供决策支持。数字化财务管理系统还可以进行财务预测和模拟，帮助企业制定更加科学的财务计划和预算，降低决策的风险性。

总之，数字化财务管理对科技企业的财务决策和运营效率产生了积极的影响。它提供了更加高效、准确的财务数据处理和分析工具，提升了财务管理水平和决策效率，有助于企业更好地应对市场竞争和经营挑战。因此，科技企业应当积极采用数字化财务管理工具，不断提高财务管理水平，实现可持续发展。

（二）AI 在财务管理中的应用

AI 在财务管理中的应用越来越受到科技行业的关注和重视。它不仅可以提高工作效率，还可以帮助企业更好地理解和利用财务数据，从而支持更明智的决策和规划。以下是 AI 在财务管理中的应用场景以及相关的优势和挑战：

1. AI 在财务管理中的应用场景

第一，智能财务报告生成。AI 技术可以自动化生成财务报告，包括利润表、资产负债表、现金流量表等。通过数据挖掘和分析，系统可以从大量财务数据中提取关键信息，并以可视化的方式呈现，使财务报告更加直观和易于理解。这不仅节省了大量人力资源和时间，还提高了报告的准确性和及时性。

第二，风险管理预测。AI 技术可以通过大数据分析和机器学习算法，对财务风险进行预测和识别。系统可以分析历史数据、市场趋势及外部环境因素，识别潜在的风险，并提供预警和应对措施。这有助于企业及时发现和应对风险，降低经营风险和损失。

第三，智能财务决策支持。AI 技术可以为财务决策提供智能化的支持。通过数据模型和算法分析，系统可以为管理层提供更全面、准确的数据分析报告和预测模型，帮助他们做出更明智的财务决策。这有助于优化资金运作、降低成本、提高盈利能力。

2. AI 在财务管理中的优势

AI 在财务管理中的优势主要体现在以下几个方面：

第一，自动化和高效性。AI 技术可以自动化处理大量的财务数据和任务，提高工作效率，减少人为错误，节省时间和成本。

第二，数据分析和预测能力。AI 可以通过数据挖掘和机器学习算法，对海量财务数据进行分析和预测，帮助企业发现潜在的商机和风险。

第三，决策支持和优化。AI 可以为管理层提供智能化的决策支持，帮助他们做出更科学、合理的财务决策，优化资源配置，提高企业绩效。

3. AI 在财务管理中的挑战

AI 在财务管理中也面临一些挑战。

第一，数据隐私和安全。财务数据涉及机密信息，AI 技术的应用需要注意数据隐私和安全保护，防止数据泄露和滥用。

第二，技术成本和投入。AI 技术的引入需要投入大量的技术成本和培训成本，对企业来说可能是一项挑战。

第三，人机协同和适应性。AI 虽然可以自动化处理任务，但在某些复杂场景下仍需要与人类进行协同工作，而且系统的适应性和灵活性也需要不断优化和改进。

AI 在财务管理中的应用具有广阔的发展前景，但也需要企业在应用过程中注意解决数据安全、技术成本、人机协同等方面的挑战，以充分发挥其优势，为企业创造更大的价值和竞争优势。

二、科技行业财务管理趋势与挑战

科技行业财务管理面临着快速变化的趋势和挑战。一方面，科技行业的快速发展和创新不断推动财务管理工作向数字化、智能化方向发展，包括采用大数据分析、AI 技术等提高财务决策效率和准确性。另一方面，科技行业的高度竞争和不确定性给财务风险管理带来了挑战，包括市场波动、技术变革、合规要求等方面。跨国公司和全球化趋势下，科技企业需要解决跨境税务、汇率波动等复杂的财务管理问题。另外，随着环保意识的提升，可持续发展和社会责任的要求也对科技行业的财务管理提出了新的挑战。因此，科技行业的财务管理需要紧密跟随行业发展趋势，加强技术应用，提升风险应对能力，注重合规管理和可持续发展，以更好地应对未来挑战。

（一）数据驱动的决策

在当今的科技行业，数据驱动的决策已经成为企业成功的关键因素之一。随着技术的进步和数据收集能力的增强，企业能够利用大量的财务数据来支持决策制定和执行。财务数据在决策中的应用和影响变得越来越重要，企业拥有更深入的洞察力，帮助企业领导者做出更明智、更具策略性的决策。

财务数据在决策中的应用体现在多个方面。首先是预测和规划方面。通过分析历史财务数据和趋势，企业可以进行财务预测，制定长期规划和战略。其次是成本控制和效率提高方面。财务数据可以反映不必要的开支和成本增长点，帮助企业优化资源配置和降低成本。最后是财务数据还可以用于评估投资回报率和风险管理，支持企业在资本投资、项目开发等方面做出明智的决策。

数据驱动决策使企业财务管理具有许多优势。首先是准确性和客观性。财务数据通常是客观的、可量化的，能够为决策者提供准确的信息基础。其次是及时性。现代企业可以通过实时财务数据监控业务运营状况，及时调整策略和措施。最后是数据驱动的决策还可以提高决策效率和准确度，降低决策的风险性和不确定性。

数据驱动决策也面临着一些挑战和限制。首先是数据质量和完整性问题。财务数据存在错误或不完整，可能会导致决策失误。其次是数据安全和隐私问题。随着数据的增长和使用范围扩大，企业需要加强对数据的保护和安全控制。最后是数据驱动决策也需要依赖于先进的技术和专业的人才，包括数据分析工具、AI技术及数据科学家等，这可能对企业的技术投入和人才培养提出挑战。

数据驱动的决策对于科技行业的企业来说具有重要意义，可以帮助企业更加精准地把握市场动态、发现商机、优化资源配置、降低风险，并且在信息化和数字化时代中取得更大的竞争优势。企业在应用数据驱动决策时需要注意数据质量、隐私保护、技术投入等方面的挑战和限制，以确保决策的准确性和可靠性。

（二）云端财务管理

云端财务管理在科技企业中的普及程度和影响日益增强。随着信息技术的发展和云计算技术的成熟，越来越多的科技企业选择将财务管理系统迁移到云端，利用云端财务软件和云端数据存储服务来实现财务管理的数字化和智能化目标。这种趋势不仅体现了科技企业在数字化转型方面的积极态度，也对企业的财务管理效率和成本产生了深远的影响。

云端财务软件的使用已经成为科技企业的常态。传统的本地安装式财务软件存在诸多问题，如升级不便、数据安全性低、维护成本高等。而云端财务软件通过互联网进行访问和使用，无需安装，可以随时随地进行操作和管理。科技企业可以根据自身需求选择适合的云端财务软件，享受更加灵活、高效的财务管理服务。

云端数据存储为科技企业提供了安全、可靠的数据管理方案。传统的数据存储方式可能存在数据丢失、备份不及时等问题，而云端数据存储则可以实现数据的实时备份和恢复，保障数据的安全性和完整性。科技企业可以将财务数据和其他关键数据存储在云端，有效防范数据丢失和泄露的风险，提高数据管理的效率和可靠性。

云端财务管理对企业的财务管理效率和成本也产生了显著影响。云端财务软件具有较高的灵活性和自动化程度，可以实现财务数据的实时更新、报表生成、财务分析等功能，为企业提供准确、及时的财务信息，支持管理层快速做出决策。云端财务管理通常采用按需付费的方式，避免了传统财务软件的高昂购买和维护，降低了企业的财务管理成本，使企业可以更加灵活地配置资源，提高了财务管理的效率和效果。

云端财务管理已经成为科技企业不可或缺的重要工具和资源，普及程度越来越高，影响也越来越深远。通过云端财务软件和云端数据存储服务，科技企业可以实现财务管理的数字化、智能化，提高管理效率和决策效果，降低财务管理成本，促进企业的持续发展和竞争力提升。因此，科技企业应积极推进云端财务管理的应用和落地，充分发挥其在财务管理方面的优势和潜力。

参考文献

［1］丁其根．高校财务管理新领域——校园一卡通资金管理［J］．财经界，2012（24）：82.

［2］冯巧根．现代财务管理的新领域——谈风险投资管理［J］．广西会计，1995（12）：15-18.

［3］华金秋，李平凡．知识资产管理：财务管理的新领域［J］．财会通讯，1999（10）：36-37.

［4］吉利．财务信息管理：地位、功能与内容——信息时代财务管理新领域［J］．财会通讯（综合版），2008（3）：28-29.

［5］李治堂，彭文伟．北印 2020 会计硕士案例论文集［M］．北京：文化发展出版社，2020.

［6］林升平．财务管理发展的新领域——网络财务［J］．莆田学院学报，2004（4）：6-8.

［7］刘璐．人工智能对企业财务会计工作的影响分析［J］．商场现代化，2024（6）：155-158.

［8］邱奕添，张用芬．市场经济条件下我国企业财务管理的重点和新领域［J］．黑龙江交通科技，2011，34（12）：105.

［9］史灿楠．管理会计在财务共享中心中的角色与功能研究［J］．财会学习，2024（9）：94-96.

［10］谈多娇，周云．财务管理新领域——税务筹划［J］．理论月刊，2001（11）：75-77.

［11］汤业国．市场经济条件下我国企业财务管理的新领域［J］．财会通讯，

1994（9）：37-38.

［12］王艳茹，应小陆，杨树军．创业企业财务管理［M］．北京：中国人民大学出版社，2022.

［13］杨清香，李品娜．现代企业财务管理研究新领域：战略财务管理［J］．财务与会计，2007（4）：23-24.

［14］张彪．非营利组织财务管理：一个需要研究的新领域［J］．长沙民政职业技术学院学报，2003（1）：89-90.

［15］张庆龙．企业财务管理工作的新重点及应拓宽的新领域［J］．财会研究，2001（2）：14-16.

［16］张庆龙．企业财务管理工作应拓宽的几个新领域［J］．林业财务与会计，2000（5）：21-22.

［17］张旭丽，高滋棠．企业财务管理的新领域：纳税筹划［J］．中国乡镇企业会计，2006（8）：34-35.

［18］赵书田．透析财务管理信息化的新领域［J］．中国制造业信息化，2005（5）：81-82.

［19］周勇．探索财务管理新领域，护航教育高质量发展［J］．河南教育（教师教育），2023（12）：81-82.